JN236425

今までで一番やさしい

法人税申告書のしくみとポイントがわかる本

税理士
高下淳子 著
Koge Junko

「3つのカベ」を
乗り越えれば
申告書の仕事が
楽しくなる！
1
2
3
TAX

日本実業出版社

はじめに

ようこそ！「今までで一番やさしい法人税申告書」の本へ!!

この本は、「法人税申告書」の基本的なしくみと概要をご理解いただくために、ほんとうに大切なポイントに絞って解説しています。

「法人税申告書をやさしく理解したい！」と思っている貴方の願いをかなえる１冊です。今まで、法人税申告書を理解しようとしたけれどつまずいてしまった方、難しい税法用語にアレルギーを感じている方々に読んでいただきたい、やさしくて、頼もしい入門書です。

また、「申告書作成の業務を担当していますが、少しも楽しくないです」という方、「去年の申告書を見ながら、何となく申告ソフトに入力していますが、実際のところ、よく分かっていません」という方、「いまだに別表四と別表五(一)は苦手で、申告書の迷路から抜け出せません」という方……、そんな方々にも、ぜひ最初に読んでいただきたい１冊です。

もちろん、法人税申告書について、もう一度、勉強し直したいと思っている方にも、おすすめの内容となっています。

この本では、まず最初に「なぜ、法人税申告書は難しく感じるのか」という**３つの理由と解決法**を取りあげています。難しく感じる３つの理由、つまり「３つのカベ」を乗り越えることから始まります。

法人税申告書をやさしく理解するために、まずは序章の「３つのカベ」を打ち破るところからスタートしてください。

そして、法人税申告書を難しく感じる「３つのカベ」を突破した後は、最初から最後まで通しでお読みいただくか、その時々のニーズに応じて、次のとおり、それぞれの章を読み進めてください。

- 法人税の基本を知りたい、再確認したい ➡ 第１章
- 法人税申告書の内容と役割を知りたい ➡ 第２章
- 申告書別表四と別表五(一)を攻略したい ➡ 第３章
- 各別表と別表四と別表五(一)のつながりを知りたい ➡ 第４章
- 実例で法人税申告書と決算書のつながりを知りたい ➡ 第５章

法人税申告書を難しく感じる「３つのカベ」を乗り越えて、ぜひとも、申告書の迷路から抜け出してください。迷路の向こうに広がる法人税申告書の世界は、とても楽しいものです。

なおこの本は、法人税申告書の書き方の手引き書ではなく、**申告書の概要としくみ**をつかんでいただくことを目的としています。そのため、交際費の税務上の取扱い、減価償却費の計算方法、貸倒引当金の繰入限度額の計算方法などの個別項目は、必要なポイントのみ解説しています。

多くの種類の別表の書き方について、さらっと解説するのではなく、**法人税申告書をほんとうに理解するために外せない項目を、やさしく、そして繰り返し説明する**ことでマスターしていただきます。

法人税申告書の記載ルールとマナー、決算書と申告書とのつながり、主要な申告書どうしの関わりを知り、決算書といっしょに申告書を読めるようになるためのガイドブックとしてご活用ください。

法人税申告書は、その様式こそが法人税法そのものです。法人税申告書への正しい記載により、つねに中立的な立場で、正当な所得金額と納税額の計算ができるように、考え抜かれた素晴らしい書類です。

食わず嫌いをしてしまうのは、とてももったいないことです。

この本を片手に、法人税申告書に対する「難しい」という先入観が、「なるほど、そういうことだったのか！」に変わることを確認しながら、ぜひ、最後まで読み進めてください。

読者の皆さまが、法人税申告書のしくみと概要を最短距離でつかみ、決算書と法人税申告書が同時に出来あがる流れを体感しながら、申告書の読み方のコツを習得してくださることを心より期待しています。

2009年12月

高下 淳子

第19刷の発行にあたり、本文中の税務調整の計算および巻末の法人税申告書作成の事例を令和３年３月期決算に改訂いたしました。

2020年９月

※本書は2020年９月１日現在の法令に基づいています。

ⓜⓚⓙ

もくじ

今までで一番やさしい
法人税申告書のしくみとポイントがわかる本

第2章 最初の一歩！ 別表一、四、五(一)、五(二)

第3章 別表四と別表五(一)の美しき連携プレー

第4章 個別の別表と別表四、別表五(一)のつながり

第5章 法人税申告書の作成と決算書の確定の具体的事例

本文DTP◎ムーブ（徳永裕美）
本文イラスト◎シミキョウ

序章

なぜ、法人税申告書は難しく感じるのか

なぜ、「法人税申告書」は難しく感じるのか

法人税申告書の「３つのカベ」を突破しよう

◉「法人税申告書」を難しく感じる３つの理由

すべての会社に申告と納税義務がありますので、多くのビジネスパーソンが法人税申告書を理解しようとチャレンジします。

でも、いざ申告書を見ると、細かな枠のなかに小さな字で専門用語が記入されています。それを見るだけで気分が萎えてしまいます。

あるいは、初心に戻って勉強し直そうと書籍を買い込んだものの、数多くの申告書別表の関連を追いかけるだけで疲れ果ててしまうことも。

なぜ、法人税申告書は、ひときわ難しく感じるのでしょうか。

その大きな理由は、３つあります。

ひとつ目の理由は、一般的に使われている経理の科目を、わざわざ法人税法での独特の言い回しに置き換えている用語があるからです。このような、違うように見えてほんとうは同じ意味の**「税法用語」**は、先に覚えてしまいましょう。そうすると、スムーズに理解が進みます。

続いての理由は、法人税申告書は**「決算書とつながっている」**ことを、つい、忘れてしまうことです。法人税は国の大事な税収ですが、企業の決算を無視して、一方的に徴収されるわけではありません。

法人税の課税所得と税額は、確定した決算書に税務調整を加減算することにより計算されます。決算書に税務調整をすることで作成される申告書は、当然ながら、決算書と深くつながっているのです。

そして最後の理由は、**別表四と別表五(一)の構造と記入方法**について、スッキリ理解できないことです。「法人税等」に関する経理処理により、別表四と別表五(一)の書き方には、いくつかの記入パターンがあります。

数多くの記入方法を見るとハードルが高く感じますが、別表四と別表五

(一)の作法と基本を理解すれば、すべては基本の応用にすぎません。

別表四と別表五(一)は美しき連携プレーで成り立っています。その奥深さに気づけば、きっと申告書のファンになること間違いなしです。

それでは、まず最初に、法人税申告書を難しく感じるこれらの「3つのカベ」を突破することから始めましょう。

◉「1つ目のカベ」の突破法 ➡ 税法用語の攻略

法人税申告書では、経理処理や決算書作成でよく登場する次の科目を、**「税法独特の言葉」**に置き換えて使用しています。

これらの税法用語で混乱しないように、まず最初に整理しておきます。

もちろん、申告書別表の記載例でこれらの税法用語が登場するときも、また説明しますのでご安心ください。

(1) 繰越利益剰余金と「繰越損益金」

貸借対照表および株主資本等変動計算書の**「繰越利益剰余金」**を、税務では**「繰越損益金」**という言葉で呼称しています。繰越利益剰余金は会計上の純資産に含まれ、繰越損益金は税務上の純資産に含まれます。そのため、繰越損益金は、税務の純資産の計算明細書である別表五(一)においてプラスで計上されます。

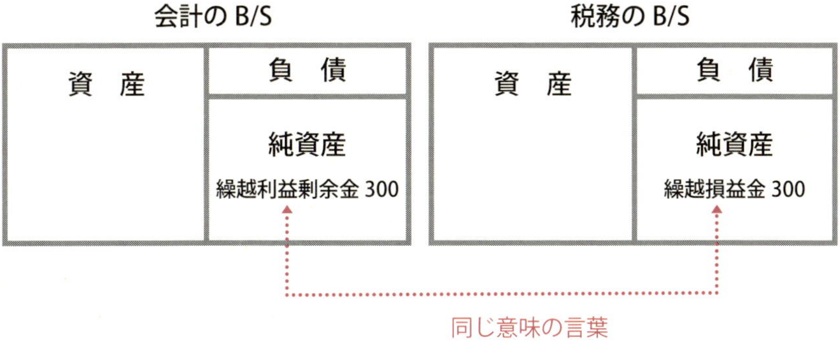

会計のB/S

資　産	負　債
	純資産 繰越利益剰余金 300

税務のB/S

資　産	負　債
	純資産 繰越損益金 300

同じ意味の言葉

（2）未払法人税等と「納税充当金」

貸借対照表の**「未払法人税等」**を、税務では**「納税充当金」**という言葉で呼称しています。未払法人税等は会計上の負債ですが、税務では未払法人税等（納税充当金）を負債とは認めず純資産に含めます。たとえば、申告書作成により計算された実際に納付すべき法人税等の額は1,250なのに、会計上は概算額や端数を切り上げた金額で未払法人税等1,300を計上することがあります。このような会計上の未払法人税等は税務の負債としては認めませんよ、というわけです。そのため納税充当金は、税務の純資産の計算明細書である別表五(一)においてプラスで表示されます。

一方、税務では、確定申告により実際に納付すべき実額による未払法人税と未払住民税を**「未納法人税等」**という言葉で呼称しています。税務上の負債である未納法人税等は、あらかじめ「△印」が付されており、別表五(一)においてマイナスで表示されることにより純資産から控除されます。

未払法人税等（納税充当金）は、決算において引き当てた会計上の負債であり税務上の純資産を構成し、未納法人税等とは実額による確定要納付額であり税務上は純資産から控除されるという点がポイントです。

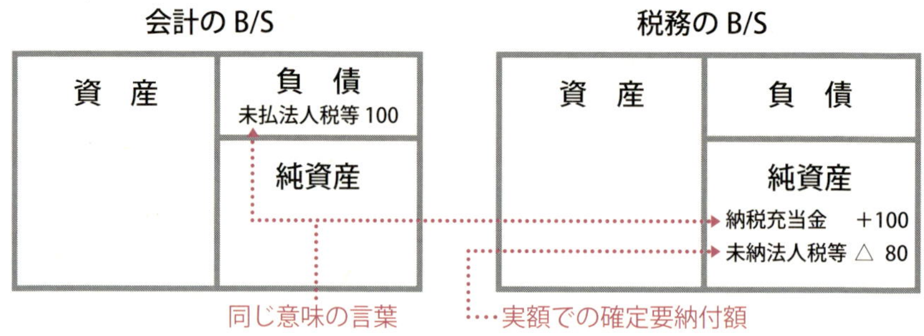

（3）未収還付法人税等と「仮払税金」

法人税等の還付が見込まれるときに、貸借対照表では**「未収還付法人税等」**という資産を計上しますが、税務では未収還付法人税等を**「仮払税金」**という言葉で呼称しています。未収還付法人税等は会計上の資産ですが、税務では未収還付法人税等（仮払税金）を資産とは認めず純資産から控除します。そのため仮払税金は、税務の純資産の計算明細書である別表五(一)においてマイナスで表示されます。

一方、別表五(一)では、確定申告により還付される実額での法人税を「△未納法人税等」の「△」印を二重線で取り消す形で**「≏未納法人税」**（△未納法人税のマイナス、つまり未収法人税)、還付される実額での住民税を**「≏未納住民税」**（△未納住民税のマイナス、つまり未収住民税）として表示します。

「△未納法人税等」（税務上の負債）のマイナスとは税務上の資産を意味し、「≏未納法人税」と「≏未納住民税」は、別表五(一)において純資産を構成します。

決算において引き当てた会計上の資産である未収還付法人税等（仮払税金）を税務上の純資産から控除するとともに、申告書作成により計算された実額による還付法人税等、すなわち「≏未納法人税」と「≏未納住民税」を税務上の純資産に含めるという点がポイントです。

なお未収税額について、「△未納法人税等」のマイナスではなく、未収還付法人税と未収還付住民税という科目で別表五(一)においてプラスで表示してもかまいません。申告ソフトでは、一般的にこちらにより処理されます。

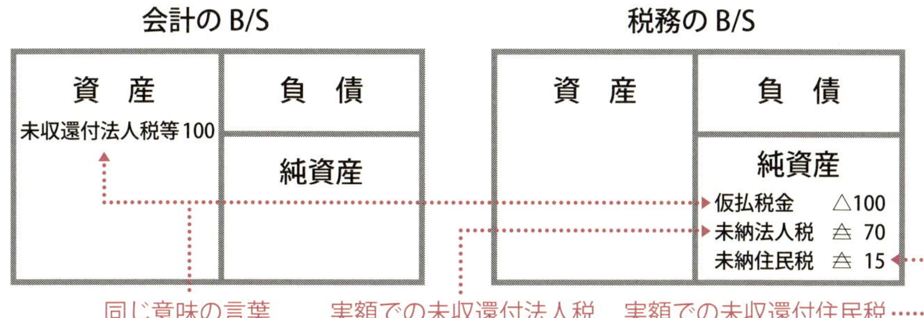

(4)「損金経理」をした

法人税では、「費用または損失」のことを**「損金」**と呼称しますので、損益計算書で費用または損失として経理したことを、税務では「損金経理をした」と表現します。

◉「2つ目のカベ」の突破法 ➡ 決算書とのつながり

法人税申告書を難しく感じる2つ目のカベを打ち破る方法は、**「申告書を決算書とのつながり」**という視点で見ることです。法人税申告書作成の作業に熱中するあまり、申告書と決算書とのつながりを、ふと忘れてしまうと、申告書の本質を見失ってしまいます。

申告書は決算書に基づいて作成され、決算作業のなかで、決算書と申告書は同時に完成するので、決算書と申告書は関連性をもっています。

特に、すべての法人が作成しなければならない主要な別表である別表四と別表五(一)そして別表五(二)は、決算書と深い関わりがあります。

(1) 損益計算書と別表四

損益計算書と別表四は、いずれも「儲け」を計算するための書類です。

会計上の儲けは**「利益」**、税務上の儲けは**「所得」**と呼ばれます。

利益と所得が一致するならば、法人税申告書を作成する必要はないのですが、利益と所得は一致しないため、両者の歩み寄りが必要です。

そこで、会計上の利益に税務固有の調整を加算または減算することにより、利益を尊重しながら、利益から誘導的に、税務の所得を計算するルールが決められているわけです。

別表四に記載された加算または減算の申告調整は、会計での儲け（利益）と税務での儲け（所得）の違いを表わしています。損益計算書とのつながりをイメージしながら別表四を見てください。

別表四は税務での儲け（所得）を計算する書類であるため、**「税務の損益計算書（P/L）」**と呼ばれています。

会計のP/L

収　益	1000
費用および損失	△ 500
法人税等	△ 200
当期純利益	300

税務のP/L（別表四）

当期利益	300
申告調整加算	＋ 150
申告調整減算	△ 50
所得金額	400

（2）貸借対照表と別表五(一)

貸借対照表と別表五(一)は、ともに財産表であり、「純資産」を報告する書類です。税務上の純資産とは、「利益積立金額」と「資本金等の額」の合計額です。このうち利益積立金額は、所得のうち社内に留保された金額から法人税と住民税を控除した金額を意味します。

そのため、別表四における申告調整のうち留保項目は、すべて別表五(一)に記載されることで翌期に引き継がれます。利益と所得が異なるため、税引後利益の蓄積額である利益剰余金と課税済み所得の蓄積額である利益積立金額も差異をもちながら引き継がれていきます。

別表五(一)は税務上の純資産を報告する書類であるため、「税務の貸借対照表（B/S）」として、**「純資産の計算明細書」**の役割を果たしています。別表五(一)を見れば、会計での純資産と税務での純資産の違いを読み取ることができます。減価償却超過額を加算調整した資産や減損損失を加算調整した資産を売却したときに、売却事業年度の申告書で減算調整を失念してしまう誤りを避けるためにも、会計上と税務上の純資産の差異について、その中身をよく検証しておくことはとても大切なのです。

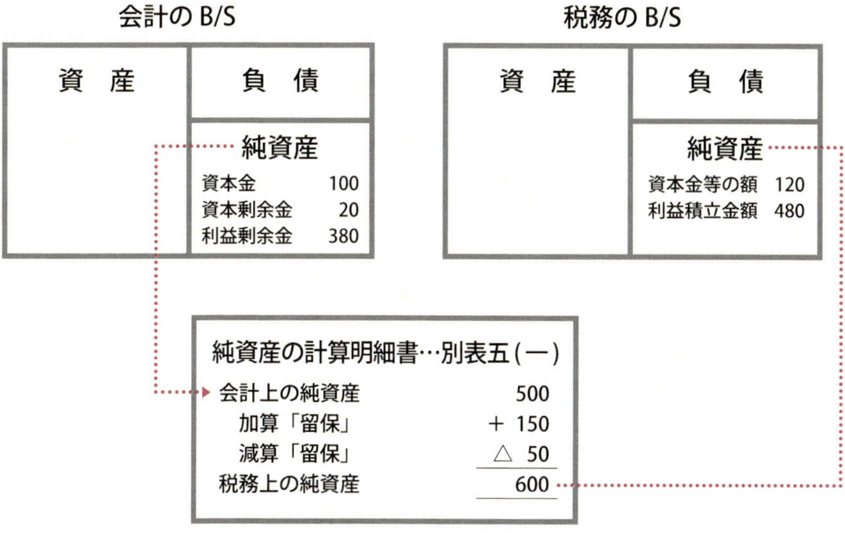

会計のB/S

資　産	負　債
	純資産 資本金　100 資本剰余金　20 利益剰余金　380

税務のB/S

資　産	負　債
	純資産 資本金等の額　120 利益積立金額　480

純資産の計算明細書…別表五(一)

会計上の純資産	500
加算「留保」	＋ 150
減算「留保」	△ 50
税務上の純資産	600

(3) 税金勘定と別表五(二)

別表五(二)は「租税公課」と「納税充当金」(未払法人税等) の明細書としての役割を果たす書類です。別表五(二)を見れば、当期中の法人税等(法人税、住民税及び事業税) と租税公課の納付状況、未払法人税等の取り崩しと引当ての動きが明らかになります。

会計のB/S

資　産	負　債	
	未払法人税等	100
	純資産	
	資本金	100
	資本剰余金	20
	利益剰余金	380

会計のP/L

収　益	1000
費用および損失	△ 500
(うち租税公課	△ 50)
法人税等	△ 200
当期純利益	300

租税公課の損金経理額 (50) の内訳
法人税等の損金経理額 (200) の内訳

▶別表五(二) 租税公課の納付状況と納税充当金の計算明細書

租税公課の納付状況					
税　　目	期首未納	当　期発生額	充当金取崩しによる納付	損金経理での納付	期末未納
法人税、地方法人税	80	135	80	70	65
道府県民税	12	20	12	10	10
市町村民税	8	10	8	5	5
事業税		35	20	15	
損金算入の租税公課		40		40	
損金不算入の租税公課		10		10	
納税充当金の計算					
期首納税充当金				120	
＋繰入額 (損金の額に算入した納税充当金)				100	
△取崩額				△　120	
期末納税充当金				100	

貸借対照表の未払法人税等

◉「3つ目のカベ」の突破法 ➡ 別表四と別表五(一)のつながり

最後のカベは、別表四と別表五(一)の関係と構造、記入ルールの理解です。ずいぶん高いカベのように感じますが、別表四と別表五(一)の作成目的は何かという基本に立ち返れば、意外と簡単に乗り越えられます。

▶別表四　所得金額の計算明細書

区分		総額	処分 留保	処分 社外流出
		①	②	③
当期利益または当期欠損の額				配当
				その他
加算	申告調整加算			
減算	申告調整減算			
所得金額または欠損金額			（B）	

同額となる部分（B）

▶別表五(一)　税務上の純資産の計算明細書

Ⅰ 利益積立金額の計算に関する明細書					
区分	期首①	減②	増③		期末④
その他の利益剰余金（注） 申告調整加算 申告調整減算 繰越損益金 納税充当金			（B）		
未納法人税、地方法人税	△	△	中間	△	△
			確定	△	
未納住民税	△	△	中間	△	△
			確定	△	
差引合計額	（A）				（C）

（注）その他の利益剰余金…繰越利益剰余金以外の利益剰余金

まず最初に、別表四と別表五(一)は図の網掛け部分が同じ金額になるというイメージをつかんでください。

別表四の所得計算における調整項目は、当期だけで課税関係が終了する**「社外流出」**と、翌期以後の所得計算に影響を与える**「留保」**に区分されます。このうち留保された金額は、税務上の純資産を構成するため、すべて別表五(一)に記載されます。

税務上の純資産を計算する明細書である別表五(一)は、「期首①－減②＋ 増③＝期末④」の順序で、期首の純資産額に当期中の増減を加味した期末の純資産額が翌期に繰り越されていきます。

そして、別表四と別表五(一)の関係を重ね合わせると、図のように、「(A) 期首＋ (B) 当期留保所得－中間分と確定分の法人税と住民税の当期発生額＝ (C) 期末」という関係が成り立つことが分かります。

この別表四と別表五(一)の関係を成立させるべく、また、それぞれの別表作成の目的を達成するために、別表四と別表五(一)の記入ルールと構造が合理的に定められているのです。

別表四で計算する所得金額とは、法人税の課税対象となる金額なので、当然ながら、**法人税と住民税を控除する前の金額**です。

つまり別表四の所得金額は、法人税と住民税の支払額や納税充当金の引当額を当期利益に足し戻した**「税引前の所得金額」**です。

一方、別表五(一)の純資産のうち利益積立金額とは、**「課税済み所得の蓄積額」**です。そのため、別表四の留保所得金額から、法人税と住民税の中間分と確定分の当期発生額を差し引いた**「税引後の所得金額」**が、別表五(一)の利益積立金額となります。

このように、別表四は税引前の所得金額であり、別表五(一)は税引後の金額であるため、別表四では当期利益に法人税と住民税の納付額と引当額を加算し、別表五(一)では当期の留保所得金額から法人税と住民税の実額での当期発生額を控除するという点がポイントです。

別表四と別表五(一)のモヤモヤ感から解放される「極意」は、まず、この違いを理解することです。

たとえば、設立第1期の会社であり、法人税と住民税のほかに申告調整がないと仮定して、次の決算書の事例で、別表四と別表五(一)のつながりを見ておきましょう（事業税はここでは無視します)。

法人税と住民税につき、損益計算書では、中間分の支払額（80）と確定分の引当額（48）を費用計上しています。しかし税務上、法人税と住民税は損金にならない税金なので、別表四で利益（245）に加算され、所得は、法人税と住民税を費用計上する前の金額（373）に戻されます。

会計のP/L

収　益	373
中間分法人税	△ 60
中間分住民税	△ 20
納税充当金の繰入	△ 48
当期純利益	245

税務のP/L（別表四）

当期利益	245
当期中間分	＋ 80
当期確定分	＋ 48
所得金額	373

貸借対照表の未払法人税等（納税充当金）は税務上の負債と認めず純資産に含める一方で、実額による未納法人税等を純資産から控除します。

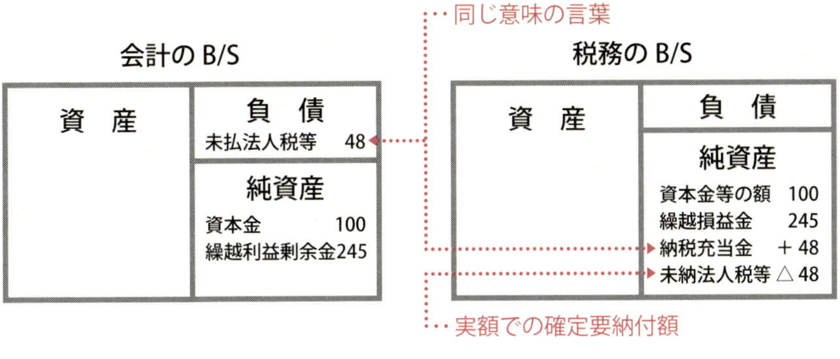

会計のB/S

資　産	負　債 未払法人税等 48
	純資産 資本金 100 繰越利益剰余金245

税務のB/S

資　産	負　債
	純資産 資本金等の額 100 繰越損益金 245 納税充当金 ＋48 未納法人税等 △48

同じ意味の言葉（未払法人税等 ⇔ 納税充当金）

実額での確定要納付額（未納法人税等）

この事例では、実額での要納付額を未払法人税等に引き当てたため、納税充当金と未納法人税等は差し引きで相殺され、当期純利益の額が繰越利益剰余金として翌期に引き継がれます。

次のとおり、別表四と別表五(一)は図の網掛け部分である（B）が同じ金額になっています。

▶別表四　所得金額の計算明細書

区分		総額 ①	処分 留保 ②	処分 社外流出 ③	
当期利益または当期欠損の額			245	配当	
				その他	
加算	法人税と住民税の中間分		80		
	納税充当金の繰入額		48		
減算					
所得金額または欠損金額			(B)373		

同額となる部分(B)

▶別表五(一)　税務上の純資産の計算明細書

I 利益積立金額の計算に関する明細書					
区分	期首①	減②	増③		期末④
繰越損益金		(B)		245	245
納税充当金				48	48
未納法人税	△	△ 60	中間	△ 60	△ 40
			確定	△ 40	
未納住民税	△	20	中間	△ 20	△ 8
			確定	△ 8	
差引合計額	(A) 0	△ 80		165	(C) 245

(B)＝245＋48－(－60)－(－20)＝373
中間分と確定分の法人税と住民税の当期発生額＝60＋40＋20＋8＝128

この事例の場合には、別表四と別表五(一)との関係である「(A) ＋ (B) − 中間分と確定分の法人税と住民税の当期発生額＝(C)」の算式は、次のように計算されます。

0	(A)	(設立第1期のため期首利益積立金額はなし)
＋373	(B)	(別表四での留保所得金額)
△128		(中間分と確定分の法人税と住民税の当期発生額)
＝245	(C)	(税務上の期末利益積立金額)

結果として、別表四の留保所得金額から、法人税と住民税の中間分と確定分の当期発生額を差し引いた金額が税務上の純資産に含められて繰り越されていくことが分かります。

別表四と別表五(一)は、「留保所得」という要素で強く結びついており、また、美しく重なり合いながら役割を果たしているわけです。

これら別表四と別表五(一)の構造と相互のつながり、記入のルールが分かれば、法人税申告書は8割以上クリアできたも同然です。

そして、決算書と申告書を同時に見ることで、申告書作成の目的がより明確になるだけでなく、申告書の読み方まで習得できるはずです。

３つのカベを乗り越えたら、ますます、法人税申告書のことを知りたくなってきたでしょう？

それでは、さっそく法人税申告書の迷路から抜け出して、申告書のしくみと記載ルールを理解していきましょう！

序章のまとめ

「法人税申告書」を難しく感じるカベの突破法!

突破法1 税法用語の攻略

次の言葉は同じ意味なのだ！

会計	税務
繰越利益剰余金	繰越損益金
未払法人税等	納税充当金
未収還付法人税等	仮払税金
費用または損失として経理する	損金経理をした

突破法2 申告書は決算書とのつながりで見る

次の書類は深い関連がある！

損益計算書 ⟷ 別表四

貸借対照表 ⟷ 別表五(一)

損益計算書の租税公課 ⟷ 別表五(二)

損益計算書の法人税等 ⟷ 別表五(二)

突破法3 別表四と別表五(一)の美しき関係を知る

「期首利益積立金額 ＋ 当期留保所得金額（別表四）

－ 中間分と確定分の法人税と住民税の当期発生額」

が翌期に繰り越される別表五(一)の利益積立金額

第1章

知っておきたい
法人税の世界

1 法人税が課税されるのは「所得」

はじめの一歩！「利益」と「所得」の違いを理解しよう

この章では、法人税申告書のしくみと記載ルールをスムーズにご理解いただくために知っておきたい基本知識を整理しています。

なぜ、法人税は利益ではなく所得に対して課税されるのか？

法人税の課税対象となる所得金額は、どのように計算するのか？

メインとなる法人税申告書の種類とは？

法人税申告書は、いつまでに提出しなければならないか？

日本の税制における法人税等の税率は何％なのか？　……など、法人税の世界を旅するためには欠かせない重要項目ばかりです。

ちょっと難しく感じる言葉も登場しますが、頑張ってマスターしましょう。

◉「利益」と「所得」は一致しない！

会計上の儲けである**「利益」**は、損益計算書において、「収益」から「費用および損失」を差し引くことで計算します。

これに対して、法人税の儲けは**「所得」**と呼ばれており、「益金」から「損金」を差し引いて計算します。そして法人税は、会計上の利益に対して課税されるのではなく、**「所得」に対して課税**されます。

収益と益金には違いがあり、費用および損失と損金にも違いがあるため、結果として、利益と所得は一致しないことになります。

法人税申告書をマスターするために、まず最初に、利益と所得は違うということをご理解ください。

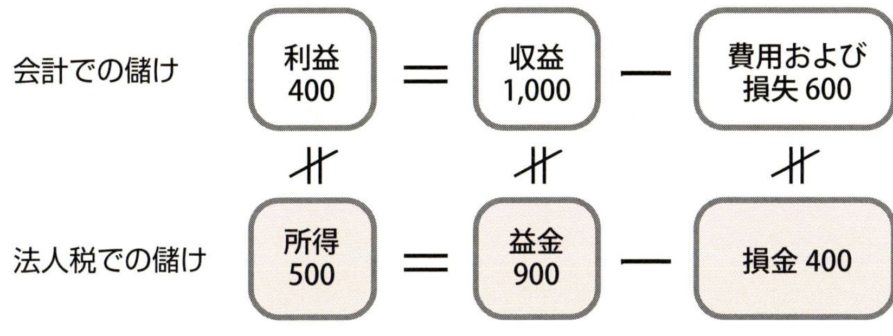

なぜ、利益と所得は異なるのでしょうか？

それは、会計と税務の目的の違いにあります。

会計は、正しい業績の報告を目的としていますが、法人税は課税の公平、税金の徴収確保などを目的としています。

たとえば、会計での利益計算は、一般的に保守主義の原則に基づき、予想される費用や損失は早め早めに計上することを要求しています。

一方、法人税では債務の確定しない費用の計上は認められませんし、引当金繰入額や減価償却費にも税務上の限度額が設けられています。

このような目的の違いがあるために、収益と益金は一致せず、費用および損失と損金も一致しません。結果として、会計での儲け（利益）と、税法での儲け（所得）の金額は同額とはならないわけです。

2 法人税での「益金」って何？

「収益」と「益金」の違いを知っておこう

◉「収益」と「益金」のくわしい中身

会計では、会社の稼ぎを「収益」といいますが、法人税の世界での収益は**「益金」**といいます。会計での収益と法人税法の益金では、その内容に若干の違いがあります。それぞれの内容と相違点を整理しておきましょう。

会計上の「収益」は、損益計算書において次の３つに区分して表示されます。

（1）営業収益としての売上高

（2）営業外収益

（3）特別利益

法人税での益金とは、次のような取引から生じる収益であり、「一般に公正妥当な会計処理の基準」に従って計算します。

（1）資産の販売による収益

（2）有償または無償による資産の譲渡による収益

（3）有償または無償による役務（サービス）の提供による収益

（4）無償による資産の譲受けによる収益

ただし、税法が特別に定める項目（別段の定め）と「資本等取引」は益金の範囲から除かれます。資本等取引とは、資本金等の額（株主等から出資を受けた金額）の増加または減少を生む取引および利益または剰余金の分配をいいます。

たとえば、増資により資本金が増加する取引は、益金の額ではないということです。税法においても、会計と同様に、損益取引と資本取引を明確に区分するという考え方をとっています。

「有償」とは対価（お金）を得て行なう取引をいい、「無償」とは対価を得ない取引です。法人税法で注意しなければならないのは、無償により、つまり「タダ」で資産を譲渡したり、「タダ」で役務の提供を行なうことも、益金に含まれるということです。

また、無償による資産の譲受け（タダで資産をプレゼントされること）については、当然ながら、その経済的利益を益金として認識します。

◉益金に関する「別段の定め」

別段の定めにより、会計での収益と法人税での益金の範囲が異なるものには、次の２つがあります。

（１）会計的には収益ではないが、法人税法では益金となる項目

（２）会計的には収益だが、法人税法では益金とならない項目

法人税での益金に算入されることを**「益金算入」**といい、法人税での益金に算入されないことを**「益金不算入」**といいます。

益金算入とは、会計上の収益でなくても益金に算入される、つまり課税対象になることを意味します。

一方、益金不算入は、税務上の益金に算入しないでよい、つまり非課税扱いにしてくれるということです。税法での独特の言葉として、たびたび出てきますので覚えてください。

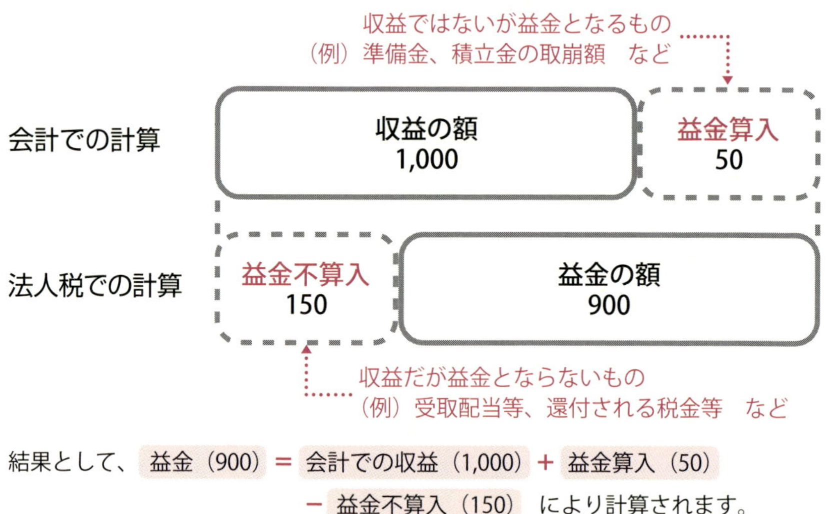

結果として、益金（900）＝会計での収益（1,000）＋益金算入（50）
－益金不算入（150）により計算されます。

3 法人税での「損金」って何?

「費用および損失」と「損金」の違いを知っておこう

◉「費用および損失」と「損金」のくわしい中身

法人税を考えるときには、「損金の額に算入される」「損金の額に算入されない」という言葉が何度も登場します。会計での「費用および損失」の中身と、法人税の世界での**「損金」**との違いを整理しておきましょう。

会計での「費用および損失」は、次の５つに区分することができます。

（1）売上原価
（2）販売費および一般管理費
（3）営業外費用
（4）特別損失
（5）法人税、住民税および事業税

一方、法人税法における損金の額は、次の３つに区分され、「一般に公正妥当な会計処理の基準」に従って計算します。

（1）売上原価および完成工事原価などの原価の額
（2）販売費および一般管理費の額
（3）損失の額

ただし、税法が特別に定めるもの（別段の定め）および資本等取引は損金の範囲から除かれます。つまり法人税での損金とは、別段の定めと資本等取引を除く当期の原価、販売管理費、損失の額であり、会計での費用および損失と大きな違いはないといえます。

また法人税においても、会計的な事実の発生に基づき、収益と費用を対応させることにより認識します。

収益と費用の対応には、企業会計と同様に、売上高と売上原価に関する

「個別対応」と、販売管理費についての「期間対応」があります。

法人税においても会計と同様に、当期中に売上計上した商製品の原価のみが売上原価として計上され、販売管理費については当期に対応するものが期間対応により費用計上されます。結果として、

① 売上原価および完成工事原価などの原価は個別対応により、

② 販売管理費は期間対応により、

③ 損失は発生事業年度に、それぞれ損金の額に算入されます。

◉損金に関する「別段の定め」

別段の定めにより、会計での費用および損失と法人税での損金の範囲が異なるものには、次の２つがあります。

（１）会計的には費用および損失ではないが、法人税法では損金となる項目

（２）会計的には費用および損失だが、法人税法では損金とならない項目

法人税での損金に算入されることを**「損金算入」**といい、法人税での損金に算入されないことを**「損金不算入」**といいます。税法での独特の言葉として、たびたび出てきますので覚えてください。

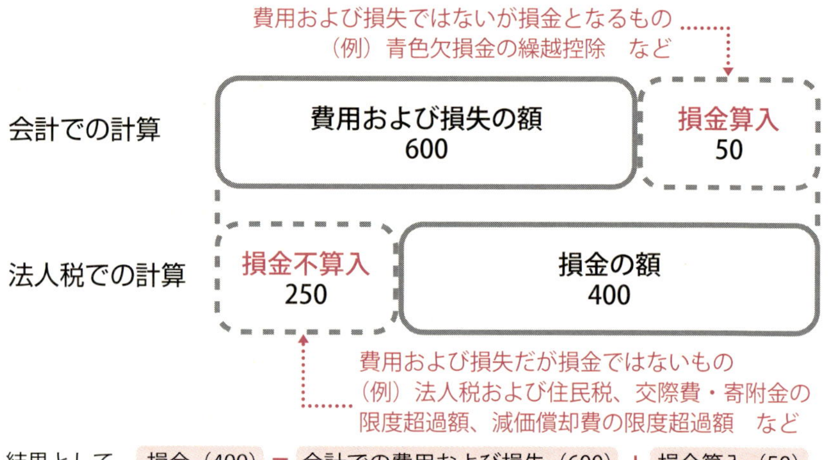

◉「損金算入」に関する３要件

法人税法での損金に関する規定をまとめると、税法で別段の定めがない限り、資本等取引に該当しない費用および損失であれば、当期の損金に算入されるということになります。

ただし、法人税法では、損金算入の要件として「償却費以外の費用で債務の確定しないものを除く」と明記しています。このように債務の確定した費用に限り損金算入を認めることを**「債務確定基準」**といいます。

債務確定基準により、法人税法が特に定める場合を除き、債務の確定しない費用については、その損金算入が認められないのです。

債務の確定とは、期末日までに、

（１）債務が成立している

（２）具体的な給付原因となる事実が発生している

（３）金額を合理的に算定できる

という３つの条件を満たすことをいいます。

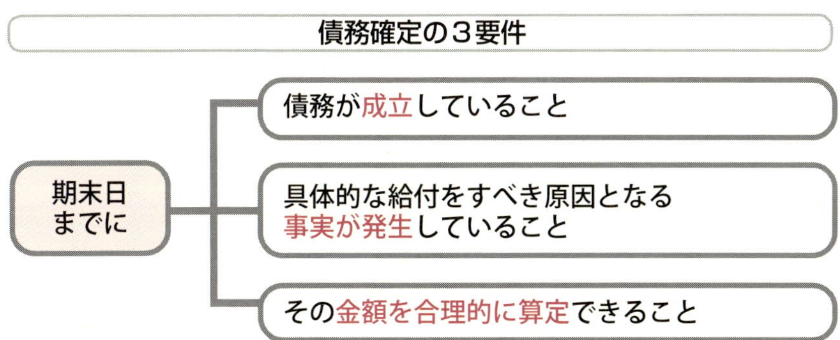

債務確定の３要件
期末日までに
債務が成立していること
具体的な給付をすべき原因となる事実が発生していること
その金額を合理的に算定できること

たとえば、期末までに機械の修理が終了しており、修理代金を合理的に算定できるならば、未払であっても損金算入できます。

反対に、債務の確定しない引当金を繰り入れることは認められませんし、債務の確定しない費用を未払計上しても損金算入されません。

次のように、会計で債務の確定していない「賞与引当金繰入額」を損金経理した場合においても、税務ではその繰入額は損金算入されません。

所得（1,000）＝会計上の利益（500）＋損金不算入額（500）と計算され、税務上の所得は、賞与引当金繰入額を損金経理しなかった場合における利益の額に戻されることになります。

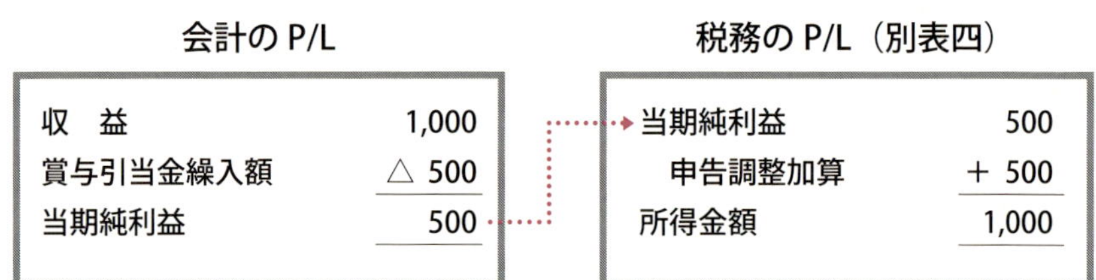

会計のP/L
収　益　1,000
賞与引当金繰入額　△ 500
当期純利益　500
税務のP/L（別表四）
当期純利益　500
申告調整加算　＋ 500
所得金額　1,000

この場合には、貸借対照表に負債として計上した「賞与引当金」は、税務上の負債とは認められず、税務上の純資産に含まれます。そのため、会計上の純資産（500）に賞与引当金（500）を加算した金額が、税務上の純資産（1,000）となります。

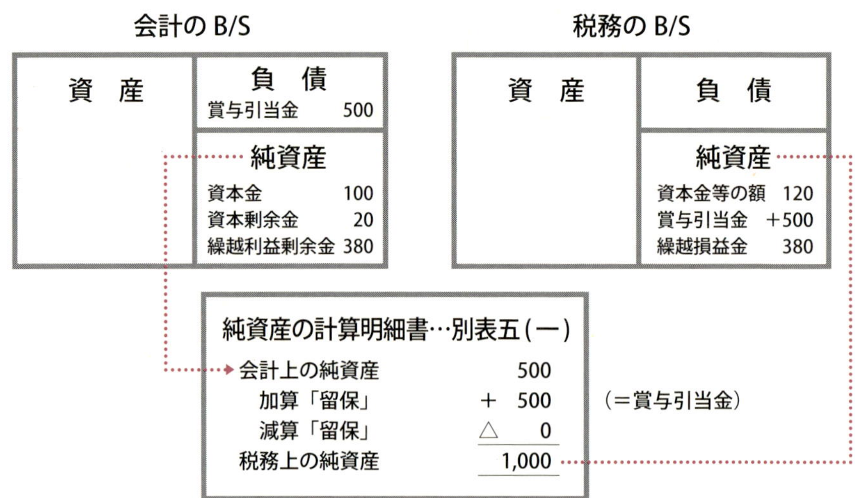

4 実際のところ、「所得」はこう計算する

所得は利益に税務調整を行ない計算する

◉所得計算の流れを再確認しよう

ここで、法人税の「所得」の計算方法を復習しておきましょう。

会計での儲け（利益）は「利益＝収益－費用および損失」と計算され、税務での儲け（所得）は「所得＝益金－損金」で計算されます。

そして、収益と益金にも違いがあり、費用および損失と損金にも違いがあるため、結果として、利益と所得が一致しません。

会計での儲け	利益 400	＝	収益 1,000	－	費用および損失 600
	≠		≠		≠
法人税での儲け	所得 500	＝	益金 900	－	損金 400

益金は会計上の収益に税務の調整を加減算することにより、「益金＝収益＋益金算入－益金不算入」で計算されます。

損金は会計上の費用および損失に税務の調整を加減算することで「損金＝費用および損失＋損金算入－損金不算入」にて計算されます。

①益金（900）＝ 収益（1,000）＋ 益金算入（50）－ 益金不算入（150）
②損金（400）＝ 費用および損失（600）＋ 損金算入（50）－ 損金不算入（250）

上記算式の①から②を差し引くことで、「①益金－②損金＝所得」となり、税務上の所得が計算できます。

そして、この算式を次のとおり整理していくと、「所得＝利益＋益金算入－益金不算入－損金算入＋損金不算入」となることが分かります。

所得＝①益金（900）－②損金（400）

＝{収益（1,000）＋益金算入（50）－益金不算入（150）}

－{費用および損失（600）＋損金算入（50）－損金不算入（250）}

＝収益（1,000）－費用および損失（600）

＋益金算入（50）－益金不算入（150）

－損金算入（50）＋損金不算入（250）

＝利益（400）

＋益金算入（50）－益金不算入（150）

－損金算入（50）＋損金不算入（250）

＝500

税法では、「収益と益金の違い」と「費用および損失と損金の違い」を明確にしたうえで、「所得＝益金－損金」により計算すると定義しています。しかし、実際の計算では「利益」に税務の調整を加減算することにより所得金額は計算されるのです。

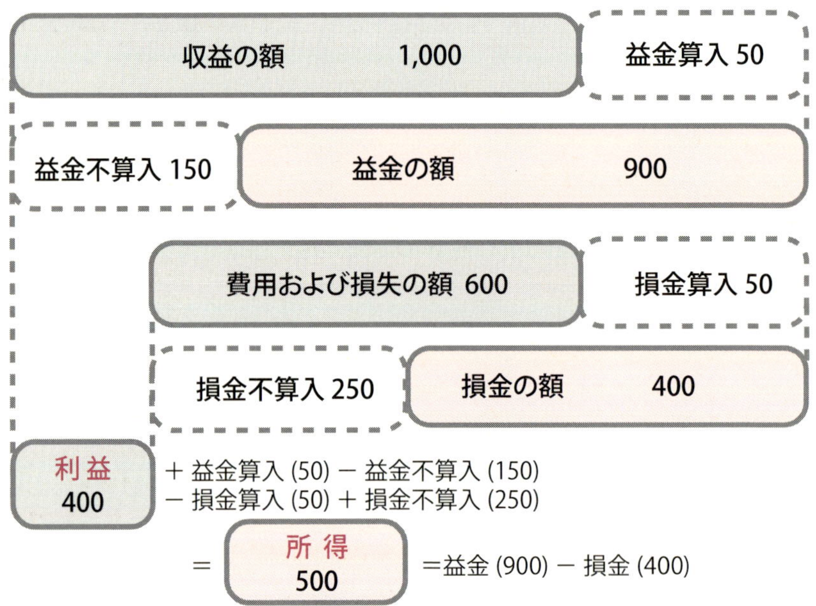

5 決算書に記載すべき「決算調整」

決算書に反映しておかなければならない調整

◉「決算調整」と「申告調整」の違い

利益と所得が異なるとはいえ、損益計算書の作成において、税法を無視して利益を計算するわけではなく、また、会計上の利益計算とはまったく別の作業で法人税の所得を計算するわけでもありません。

法人税の所得金額は、株主総会の承認により確定した決算における利益を基礎とし、その利益に税務調整を行なうことで計算します。確定した決算に基づき所得金額を計算することを**「確定決算基準」**といいます。

損益計算書の利益と法人税での所得の差異を調整する税務調整には、**「決算調整」**と**「申告調整」**の２つがあります。

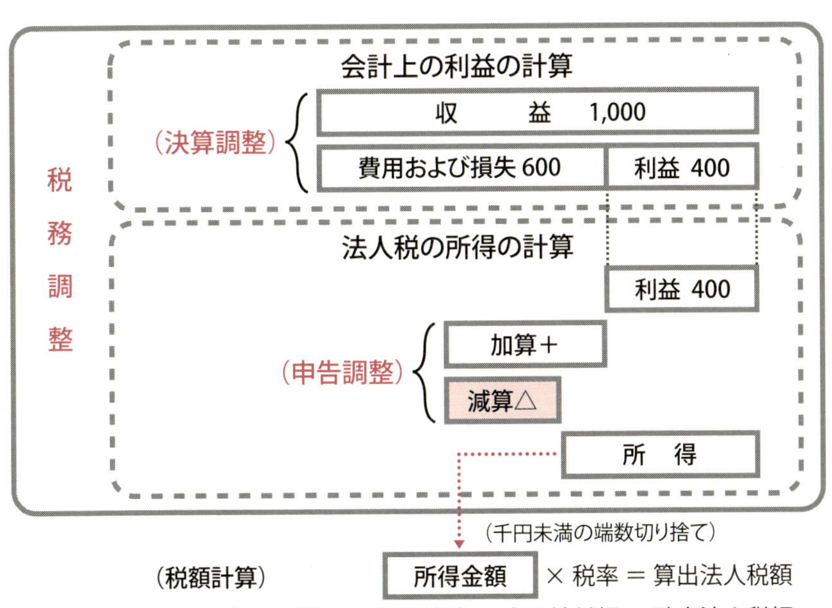

◉「決算調整」を忘れたら……

このうち、決算調整とは、確定した決算において法人税法が求める経理を行ない、企業利益を計算する過程で反映させるべき調整です。

もしも決算に織り込まなければ、法人税の課税所得の計算にも効果を与えません。

決算調整を決算書に反映させるためには、**「損金経理」**、積立金経理など所定の経理を行なうことが要件となっています。損金経理とは、**「確定した決算において費用または損失として経理すること」**をいいます。

損金経理が必要な決算調整とは、「損益計算書において費用または損失として経理することで、会社の意思表示が確認できれば、税務上も損金として認めますよ」という項目です。

損金経理が必要な決算調整事項

減価償却費の計上　　繰延資産の償却費の計上
引当金の繰入額の損金算入
回収不能の金銭債権に対する貸倒損失の計上
少額減価償却資産の損金算入　　少額繰延資産の損金算入
一括償却資産の損金算入　　資産の評価損の損金算入
業務執行役員の利益連動給与
発生主義経理による経過勘定項目　　外貨建債権債務の換算

たとえば、減価償却費や貸倒引当金繰入額、少額な減価償却資産の損金算入などは、法人が損金経理した場合にのみ損金算入が認められます。

もしも減価償却費100が計算されたとしても、この金額を損益計算書で費用計上しないで利益を確定したら、その後、申告書のうえで「減価償却費△100」として損金算入はできないことになります。

決算調整は、決算作業での利益計算の過程において、適正な金額を、適正な経理方法により決算書に反映しなければ損金算入の機会を失ってしまう項目が多いので、注意が必要です。

6 「申告調整」は2種類ある

「必須調整」と「任意調整」の違い

◉必須調整と任意調整

申告調整とは確定した決算に基づく利益に対する税務固有の調整項目であり、まさに法人税申告書において、当期純利益に加算または減算して課税所得を計算する過程での調整をいいます。

申告調整には、納税者の立場として必ず調整しなければならない**「必須調整事項」**と、調整するかしないかは法人の自由である**「任意調整事項」**があります。

必須調整事項を調整しなければ、税務当局から是正を求められます。

反対に、任意調整事項は確定申告書、修正申告書、更正請求書に記載することを要件として適用が認められる納税者にとって有利な項目です。申告調整をしなければ、通常は節税のチャンスを放棄することになります。

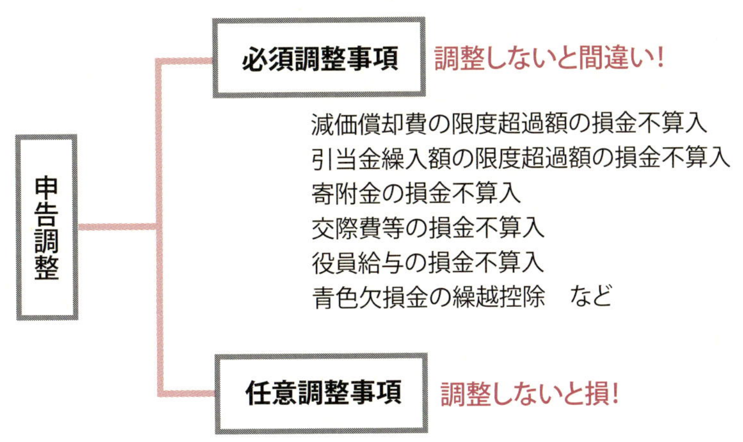
申告調整
必須調整事項
調整しないと間違い！
減価償却費の限度超過額の損金不算入
引当金繰入額の限度超過額の損金不算入
寄附金の損金不算入
交際費等の損金不算入
役員給与の損金不算入
青色欠損金の繰越控除　など
任意調整事項
調整しないと損！
外国子会社からの受取配当等の益金不算入
受取配当等の益金不算入　など

◉利益と所得は同時に計算される

法人税は、株主総会の承認を受けた確定した決算に基づいて所得を計算するという**「確定決算基準」**の立場をとっているため、利益を基本としながら、利益に税務調整を加えることで所得金額は計算されます。

税務調整には、**「決算調整」**と**「申告調整」**の２つがありましたね。

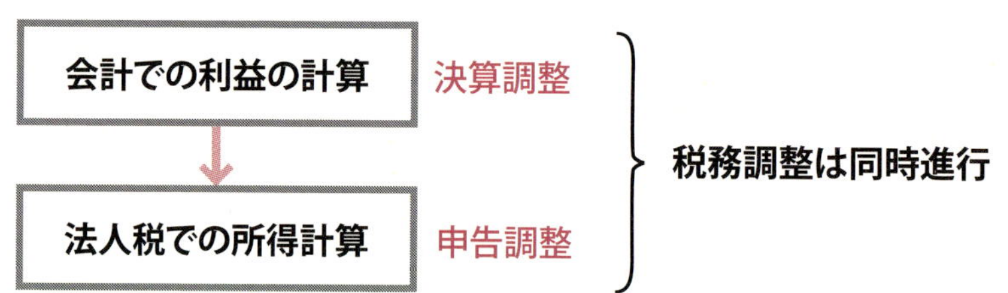

決算作業の実務では、これら決算調整と申告調整は同時に進みながら、適正な利益と正しい所得が確定し、決算書と法人税申告書が完成します。

決算調整とは、確定した決算において税務が求める所定の経理により決算書に反映させておくべき項目です。

課税所得の計算における申告調整とは、法人税申告書別表四において、当期利益に加算または減算を行なう調整です。

たとえば、決算調整において、減価償却費や引当金繰入は税務の限度額を考慮に入れながら損金経理をし、もしも限度超過額があれば申告調整が必要となります。これらに加えて、税務が別段の定めをしている損金不算入項目や益金不算入項目などの申告調整項目は、申告書において利益に加減算することで所得金額が計算されます。

課税所得に対する法人税等の年税額を計算し、年税額から中間納付額を差し引いて確定要納付額を計算します。確定要納付額の引当により、決算が確定すると同時に、未払法人税等（納税充当金）の引当額は損金不算入であるため、申告書にて「損金経理をした納税充当金の額」を当期純利益に加算することで申告書も完成します。

決算調整と申告調整の流れ

決算調整 ／ **申告調整**

【決算調整】

減価償却費の損金経理
引当金繰入額の損金経理
少額減価償却資産の損金算入

→ 限度超過額は損金不算入として申告調整

末払法人税等引当前の利益計算

↓

【申告調整】

（＋）損金不算入

法人税、住民税、延滞税、罰金
交際費の損金不算入額
寄附金の損金不算入額
減価償却の償却超過額

（△）益金不算入

受取配当金の益金不算入

（△）損金算入

前期確定分の事業税の納付額
青色欠損金の繰越控除

↓

納税充当金引当前の課税所得計算
法人税等の確定納付額の計算

↓

【決算調整】

末払法人税等の引当仕訳
決算の確定（決算書の作成）

↓

【申告調整】

末払法人税等引当後の申告書一式の作成

↓ 決算書類の添付

法人税申告書の提出、納付

7 「利益」が「所得」に変わる流れ

「所得」は「利益」を調整することで計算する

◉利益に申告調整を行ない所得を計算する

法人税での所得金額は「確定決算基準」により、損益計算書の当期純利益に、税法固有の調整額を加算または減算することで計算します。

法人税申告書別表四において、損益計算書の当期純利益に「加算」または「減算」される調整項目が**「申告調整」**です。

当期純利益に**加算**される調整項目には、**「損金不算入」**（会計的には費用だが、法人税法では損金にならない項目）と**「益金算入」**（会計的には収益ではないが、法人税法では益金となる項目）の２つがあります。

たとえば、法人税と法人住民税の納税額について、会計上は法人税等（法人税、住民税及び事業税）で費用処理した場合にも、法人税では損金に算入されないため、当期純利益に加算されます。

また、法人税や法人住民税の納付が遅れたために課税されるペナルティーである延滞税、過少申告加算税、重加算税なども損金の額に算入されません。これらの税金は制裁的な意味合いで課されるものであり、損金算入することで法人税等の納税額が減少したのでは制裁としての効果が減殺されますので、損金としないのです。

このほか、減価償却費の計算については、資産の種類と細目ごとに税務上の耐用年数と耐用年数に応じた償却率が定められています。法人税法では、償却費として「損金経理」した金額のうち償却限度額に達するまでの金額を減価償却費として損金の額に算入できます。

このように法人税法において償却限度額を設けているのは、課税の公平を保つためです。

たとえば、同一の事業に使う同じ機械装置について、業績の良い会社では２年で減価償却でき、赤字の会社では10年で減価償却するというのでは不公平ですし、企業体力による格差が拡大してしまいます。そこで、同じ機械を同じ事業に使用するならば、どの会社でも税法上は同じ耐用年数で減価償却費を計上すべきだと計算ルールを決めているのです。

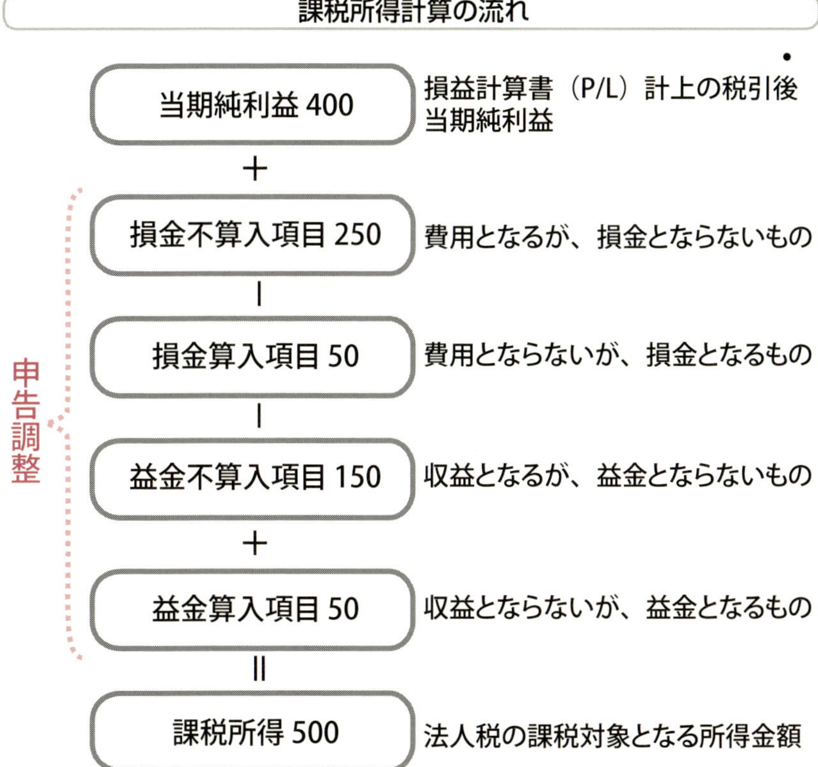

続いて、課税所得の計算に当たり当期純利益から**減算**される調整項目には、**「損金算入」**（会計的には費用ではないが、法人税法での損金とされる項目）と**「益金不算入」**（会計的には収益だが、法人税法での益金にならない項目）の２つがあります。

たとえば、前期確定分の事業税（特別法人事業税を含む）は、確定申告書を提出する日（支払日）の属する当期において、現金主義により、損金算入されます。前期の決算整理仕訳において事業税を未払法人税等に負債計上したときは損金算入されず、当期に確定申告書を提出して実際に納税するときに損金算入されるのです。そこで当期の所得計算での申告調整において、当期純利益から減算することで損金算入します。

また、法人税法は各事業年度の所得に対して課税するのが原則ですが、税務の特例により、青色申告書を提出した事業年度にかかる「青色欠損金」（赤字）については、その後10年間にわたり繰り越して、翌期以降の所得（黒字）との差し引き計算（中小法人等以外の法人は各年の所得金額の50％を限度とする）ができます。その結果、中小法人等では、当期は黒字でも過去の欠損金と通算すれば所得金額が0円となり、納税する必要がないケースもあります。この制度は、欠損金を翌期以降に繰り越して控除できるという意味で「欠損金の繰越控除」と呼ばれています。

また他の会社から受け取る配当金は、会計的には営業外収益に計上されますが、法人税では「受取配当等の益金不算入」として、その一部または全部が課税の対象とされません。剰余金の配当とは、支払元の会社で法人税等を支払った後の課税済み所得の分配です。支払元で法人税等が課税されているのに、受取法人側でも課税すると、法人税等が二重に課税されてしまうため、益金不算入としているのです。

このような「利益」が「所得」に変わる流れ、つまり、決算書の当期純利益に加算または減算を加える申告調整は、法人税申告書別表四「所得の金額の計算に関する明細書」に記載され、法人税の課税所得が計算されます。別表四を見ることで、会計での利益と法人税での所得の違いが分かります。このように別表四は、法人税での儲け（所得）を計算する書類であるため、**「税務の損益計算書」**と呼ばれているのです。

8 法人税申告書の提出と納付期限

法人税申告書の提出期限は延長できる

◉確定申告書の提出と納付期限

法人は、確定した決算に基づき確定申告書を作成し、各事業年度終了の日から2か月以内に、申告書の提出および申告書に記載した税額の納税をしなければなりません。法人税の確定申告書を提出する場合には、課税標準である所得の金額または欠損の金額、これに対する法人税額を計算するための申告書別表と、それらの計算の基礎となった「決算書類」を添付します。

定款等の定めまたはその法人に特別の事情があることにより、事業年度終了の日の翌日から2か月以内に定時総会が招集されない常況にある会社、あるいは災害などで決算が確定しないため申告書を期限までに提出できないときは、申請により申告期限を延長することができます。法人税の申告期限の延長の特例を受けている法人については、届出書の提出により、消費税の確定申告書についても申告期限は1か月延長されます（令和3（2021）年3月31日以後終了する事業年度末日の属する課税期間より）。確定申告書の提出期限の延長を受けた場合でも、延長期間の法人税額および消費税額には利子税が課税（国税通則法第11条による場合を除く）されますので、本来の納付期限までに見込納付をしておきます。

◉中間申告書の提出と納付期限

確定申告のほか、各事業年度開始の日以後6か月を経過した日から2か月以内に中間申告を行ない、中間申告書に記載した税額を、その提出期限までに納税しなければなりません。

中間申告には、前年度実績に基づく**「予定申告」**と、6か月の期間を1事業年度とみなして、その期間の所得金額と納税額を計算する**「仮決算」**

があります。いずれを選択するかは法人の自由であり、中間期の業績および資金繰りの状況により決定します。

ただし、仮決算による中間税額が前事業年度の確定法人税額の12分の6を超える場合には、仮決算による中間申告書は提出できません。

なお、前事業年度の確定申告書に記載すべき法人税額の2分の1相当額が10万円以下である場合、または、その金額がない場合には、中間申告をする必要はありません。

法人税申告書や添付書類を郵便または信書便で送る場合は、発信主義で通信日付印に表示された日に提出されたもの（消印有効）とされます。電子申告で提出する場合には、即時通知および受信通知に表示される「受付日時」に到達したものとみなします。

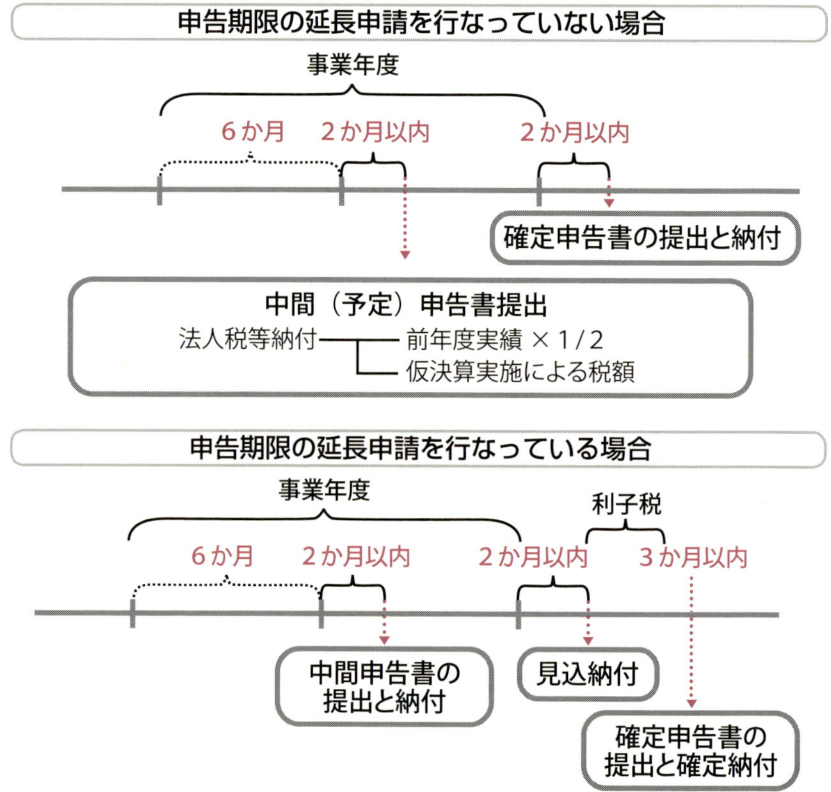

9 法人税申告書に添付すべき決算書類

法人税申告書には確定した決算書を添付して提出する

◉必ず作成しなければならない別表とは

法人税申告書の別表は、確定した決算による企業利益に所要の税務調整を行なうことで、課税所得と納付すべき法人税額を計算するためのものです。

法人税での損金算入限度額が設けられている交際費や寄附金、貸倒引当金繰入額の計算、減価償却資産の償却費の計算、繰延資産の償却費の計算、受取配当等の益金不算入額の計算など、税務が「別段の定め」をしている項目について別表が用意されています。

法人税申告書の別表には数多くの種類がありますが、これらのうち、別表一、別表二、別表四、別表五(一)および別表五(二)は、すべての会社において作成しなければならない別表です。

別表一は、納税地・法人名・法人番号・代表者氏名・代表者住所・法人区分（普通法人かそれ以外か）・事業種目・期末資本金額および納税者(整理）番号などの税務に関する基本情報を記述する別表であるとともに、当期の法人税の納税額を算出する計算書です。

本来、別表一が法人税申告書であり、その他の別表は「明細書」という位置づけなのですが、実務的には、別表のすべてを総称して、法人税申告書と呼んでいます。

青色申告法人では、別表一を青色の用紙と別途 OCR 用紙にも記載し、法人税申告書の表紙として提出します。青色申告法人とは、税務での優遇措置を受けられる法人であり、法人の選択により適用できる制度です。青色申告は納税者にとって有利である反面、すべての取引を複式簿記の原則

多くの会社が作成する申告書別表

必ず作成しなければならない別表

別表一	各事業年度の所得に係る申告書（税額計算の明細）
別表二	同族会社等の判定に関する明細書
別表四	所得の金額の計算に関する明細書
別表五(一)	利益積立金額及び資本金等の額の計算に関する明細書
別表五(二)	租税公課の納付状況等に関する明細書

通常作成することの多い別表

別表三(一)	特定同族会社の留保金額に対する税額の計算に関する明細書
別表六(一)	所得税額の控除に関する明細書
別表七(一)	欠損金又は災害損失金の損金算入等に関する明細書
別表八(一)	受取配当等の益金不算入に関する明細書
別表十一(一)	個別評価金銭債権に係る貸倒引当金の損金算入に関する明細書
別表十一(一の二)	一括評価金銭債権に係る貸倒引当金の損金算入に関する明細書
別表十四(二)	寄附金の損金算入に関する明細書
別表十五	交際費等の損金算入に関する明細書
別表十六(一)	旧定額法又は定額法による減価償却資産の償却額の計算に関する明細書
別表十六(二)	旧定率法又は定率法による減価償却資産の償却額の計算に関する明細書
別表十六(六)	繰延資産の償却額の計算に関する明細書
別表十六(七)	少額減価償却資産の取得価額の損金算入の特例に関する明細書
別表十六(八)	一括償却資産の損金算入に関する明細書
別表十六(九)	特別償却準備金の損金算入に関する明細書

に基づき整然かつ明瞭に記録する必要があり、帳簿や証憑を保存する義務も課せられています。

別表二は、同族会社等の判定に関する明細書であり、この用紙により同族会社、特定同族会社、非同族会社の判定を行ないます。法人税法では、経営権が一族でコントロールされている同族会社には、特別な規定が適用されるケースがあります。

別表四は「課税所得の計算明細書」であり、利益と所得の差異である申告調整のすべてが記載される重要な書類です。

別表五(一)は「税務上の純資産の計算明細書」であり、会計での純資産と税務の純資産との差額について報告する書類です。

別表五(二)は、法人税等(法人税、住民税および事業税)と租税公課の納付状況と納税充当金の計算明細を報告する書類です。

◉法人税申告書別表に添付する決算書類

これらの法人税申告書別表に、定時株主総会の承認を受けた計算書類(貸借対照表、損益計算書、株主資本等変動計算書〈配当にかかる注記を含む〉)と勘定科目内訳明細書、法人事業概況説明書をワンセットにして、提出期限までに提出および納付をします。

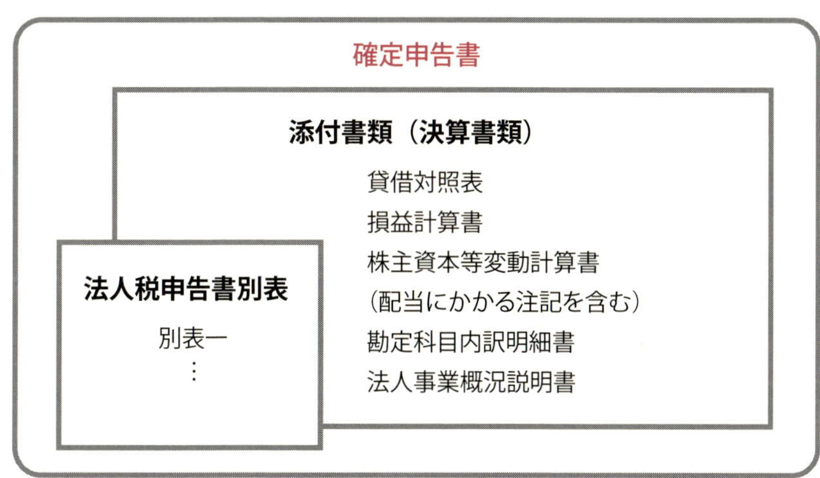

10 法人税等の表面税率と実効税率

法人税等とは法人税、住民税、事業税の総称

◉法人税と地方法人税の税率

各事業年度の所得に対する法人税率は23.2％ですが、資本金１億円以下の中小法人（〈注〉資本金５億円以上の法人の完全支配関係にある中小法人を除く）の年間所得800万円までの部分については、15％の軽減税率が適用されます。中小企業者のうち当期前３事業年度の年平均所得金額が15億円を超える法人（適用除外事業者）の年間所得800万円までの部分については、本則どおり、税率19％が適用されます。

なお、法人税のほかに、別途「地方法人税」（基準法人税額×10.3％）が適用されます。

◉住民税の税率

法人住民税は都道府県と市町村に支払う地方税であり、法人税額を課税標準として一定税率で課税する**「法人税割」**と、所得金額の大小に関わりなく一定額で課税される**「均等割」**から構成されています。

法人住民税の法人税割の**「標準税率」**は、道府県民税率が１％、市町村民税率が６％で、合計では７％です。

東京都の特別区内に事業所等を有する法人は、道府県民税と市町村民税を合わせて都民税として申告します。条例により、標準税率を超える税率（**超過税率**）により課税することが可能ですが、標準税率の1.2倍を超過する税率で課税することはできないという上限（**制限税率**）が定められています。

多くの自治体では、資本金が１億円を超える会社または資本金が１億円以下の法人のうち法人住民税の課税標準となる法人税額が一定金額を超える法人について、超過税率を適用しています。

均等割については、赤字または所得金額が0円であっても、すべての事業所等につき納税義務が生じます。道府県民税の均等割額は、住民税の資本金等の額の大きさに応じて税額が決定され、市町村民税の均等割額は、資本金等の額に従業員数を加味して決定されます。

法人税等の税率

（2019年10月1日以後に開始する事業年度）

税目		税率と計算方法
法人税		課税所得 ×23.2%（中小法人（資本金 5億円以上の法人の完全支配関係にある中小法人を除く）の年間所得 800万円までは 15%）
地方法人税		基準法人税額 ×10.3%
住民税		法人税割…法人税額 ×７％ 均等割…最低 70,000円／年より（資本金等および従業員数により異なる）
事業税（標準税率）	中小法人	（所得割のみ） 年400万円以下の部分 ×3.5% 年400万円超800万円以下の部分 ×5.3% 年800万円超の部分 ×７％ （注）軽減税率不適用法人に対する事業税は一律７％
	大法人	①所得割額 年400万円以下の部分 ×0.4% 年400万円超800万円以下の部分 ×0.7% 年800万円超の部分 ×１％ （注）軽減税率不適用法人は一律１％
		②付加価値割額 （報酬給与額＋純支払利子＋純支払賃借料 ± 単年度損益）×1.2%
		③資本割額…資本金等の額 ×0.5%
特別法人事業税		①中小法人…標準税率による事業税額 ×37%
		②大法人…標準税率による事業税所得割額 ×260%

（注）軽減税率不適用法人とは、3以上の都道府県に事務所または事業所を有し、かつ、資本金の額または出資金の額が1,000万円以上の法人をいう

◉事業税と特別法人事業税

資本金1億円以下の中小法人に対する事業税は所得金額に対してのみ課税されますが、資本金が1億円を超える大法人については所得金額だけではなく「付加価値割額」と「資本割額」という外形的な要素を加味して事業税が課税（**「外形標準課税」**といいます）されます。事業税についても住民税と同じように標準税率の1.2倍までの超過税率で課税することが認められています。

また、事業税の一部を国税化したうえで地方に分配するための**「特別法人事業税」**も納税する必要があります。特別法人事業税は、標準税率により計算した事業税の37%（大法人は標準税率により計算した所得割の260%）相当額です。事業税と特別法人事業税については、申告書を提出した日（支払日）の属する事業年度の損金に算入されます。

◉表面税率と実効税率

法人税等の税率の捉え方には、**「表面税率」**と**「実効税率」**があります。「表面税率」とは、法人税（地方法人税を含む）、住民税、事業税、特別法人事業税のそれぞれの税率を単純に合計した税率です。これらの法人税等のうち、法人税と住民税は税務での損金になりませんが、事業税（特別法人事業税を含む）は申告書を提出した日（支払日）の損金に算入されます。

結果として、事業税が損金算入されることを計算に入れた「実効税率」は33.58%（中小法人／標準税率の場合）となります。

会社の中期経営計画や設備投資計画、税効果会計において法人税等の負担額を考慮する場合には、実効税率を使用します。現在の日本の税制において、法人税等の**「実効税率は約33%」**と覚えておきましょう。

法人税等の実効税率の計算式

実効税率（33.58%）

$$= \frac{\text{法人税率} \times (1 + \text{地方法人税率} + \text{住民税率}) + \text{事業税率} + (\text{事業税標準税率} \times \text{特別法人事業税率})}{1 + \text{事業税率} + (\text{事業税標準税率} \times \text{特別法人事業税率})}$$

第1章のまとめ

「法人税申告書」を理解するためにこれだけは押さえておこう!

- 会計での「利益」と法人税での「所得」は異なる
- 法人税の所得は「確定した決算」に基づき計算される
- 会計と税務の差異を調整することを「税務調整」という
- 法人税の世界での費用および損失を「損金」と呼ぶ
- 法人税の世界での収益を「益金」と呼ぶ
- 法人税法では償却費以外の費用で債務の確定しないものは損金に算入されない「債務確定基準」をとっている
- 税務調整には「決算調整」と「申告調整」の2つがある
- 「決算調整」では確定した決算において法人税法が求める一定の経理を行ない利益を計算しなければならない
- 「損金経理」とは確定した決算において費用または損失として経理することをいう
- 申告調整とは申告書別表四において調整される項目である
- 利益に加算する申告調整には「損金不算入」と「益金算入」がある
- 利益から減算する申告調整には「損金算入」と「益金不算入」がある
- 「法人税」「地方法人税」「法人住民税」は損金不算入の税金である
- 「事業税(特別法人事業税を含む)」は支払時の損金になる
- 法人税等の「実効税率」は33.58%(中小法人/標準税率の場合)である

第2章

最初の一歩！
別表一、四、五(一)、五(二)

1 主な「法人税申告書」はコレだ!

各別表のつながりと、別表と決算書のつながりを理解しよう

◉主要な申告書別表のつながり

法人税申告書別表のなかで、中心的な役割を果たしているのが別表一、別表四、別表五(一)、別表五(二)です。

別表一は、すべての別表の表紙であり税額計算表です。

別表四は所得計算の明細書であり、当期純利益に申告調整を加減算することで税務の所得金額が計算されます。

別表五(一)は純資産の計算明細書であり、税務上の純資産（利益積立金額と資本金等の額）が報告されます。そして、別表五(二)は租税公課の納付状況と納税充当金の繰入額および取崩額に関する明細書です。

これらの主要な別表どうしは、深い関連をもってつながっています。

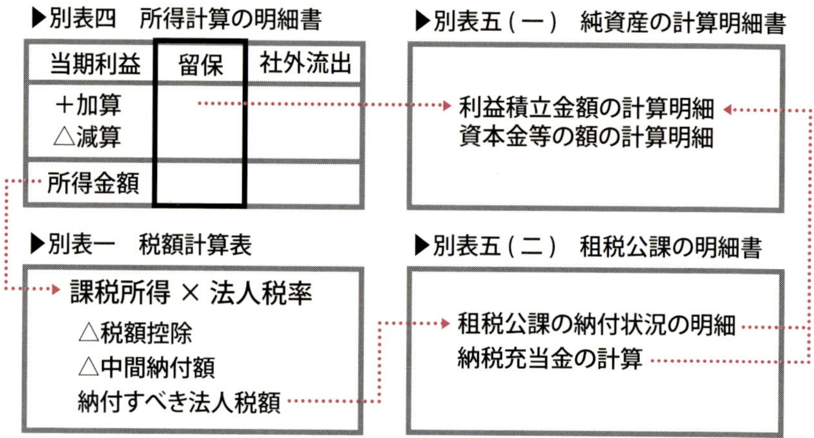

別表四に記載される申告調整は、「留保」と「社外流出」に区分されます。社外流出とは、名前のとおり社外に現金等が流出するとともに、当期

限りで課税関係が終了する調整項目です。一方留保は、翌期以降の所得計算に影響を与える項目であり税務上の純資産に含まれるため、別表五(一)の「利益積立金額」へ転記されます。

別表四「総額」欄の最終行に記載される所得金額が、法人税の課税対象となる所得金額です。所得金額の1,000円未満の端数を切り捨てたうえで、税額計算の明細書である別表一に記載され、納付すべき法人税額が計算されます。

別表一で計算された法人税額と地方法人税額の確定要納付額は、別表五(二)の租税公課の納付状況の明細で、法人税「確定分」の発生および期末未納税額として記載されます。

通常の法人税額のほかに「留保金課税」が適用される特定同族会社は、別表三(一)において留保所得に対する税額を計算します。留保金課税とは、特定同族会社が貯め込みすぎた留保所得にペナルティー的に課税する特別な規定です。これらの納付すべき法人税額は、別表五(一)の未納法人税額の確定分と別表五(二)の法人税額の確定分に記載されることでつながります。

別表五(二)の下部に記載される納税充当金の動きは、税務上の純資産の増減として、別表五(一)の利益積立金額の計算明細にも記載されます。

「納税充当金」とは、会計上の未払法人税等のことですが、税務上は納税充当金（未払法人税等）を負債とは認めておらず、別表五(一)において純資産（利益積立金額）に含まれます。その一方で、法人税申告書では実額による未払法人税額と未払住民税額を**「未納法人税等」**と呼んでおり、未納法人税等は税務上の負債として純資産からマイナスされます。

◉申告書と決算書のつながり

法人税の所得計算は、会計上の当期純利益に税務固有の調整をして計算する「確定決算主義」の立場をとっています。そのため重要な別表である別表一、別表四、別表五(一)、別表五(二)は、決算書（貸借対照表、損益計算書、株主資本等変動計算書）と密接につながっています。

決算書と主要な申告書のつながり

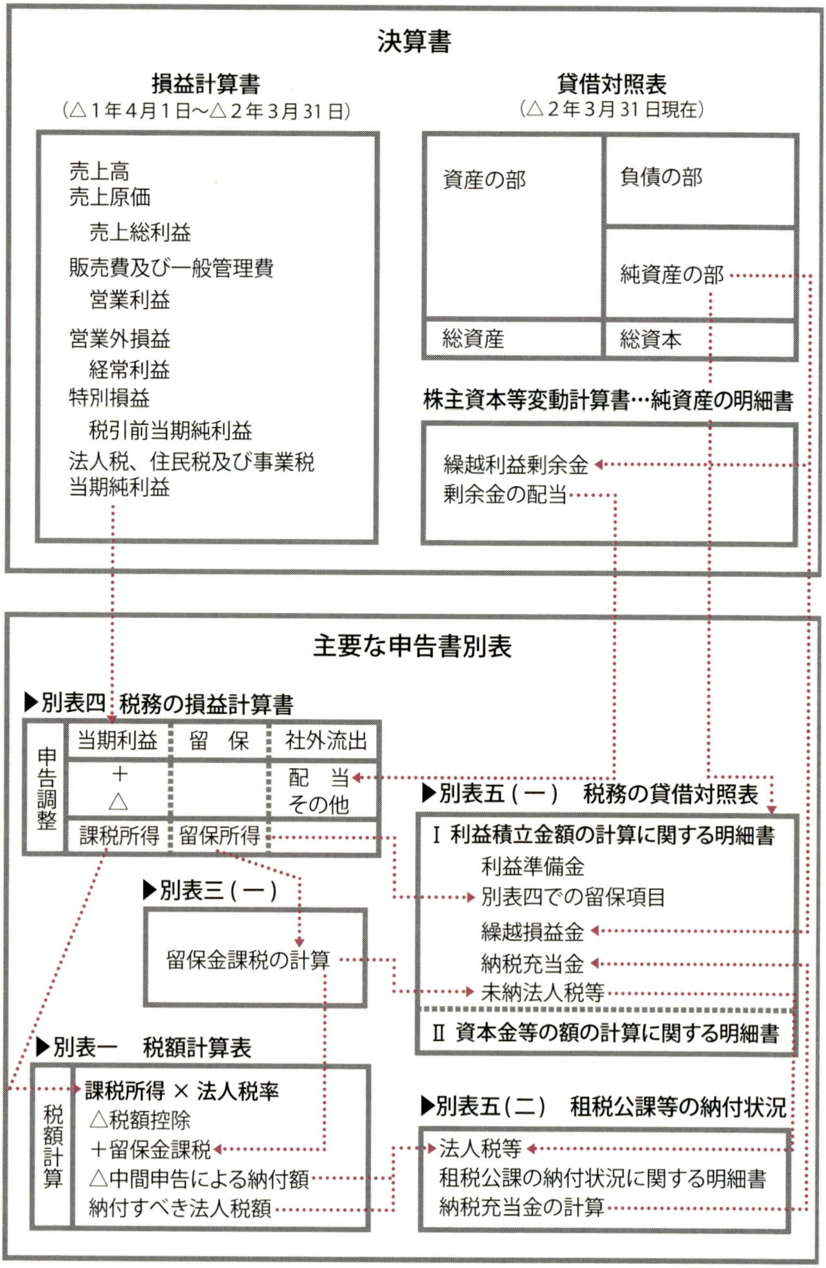

決算書

損益計算書
（△1年4月1日〜△2年3月31日）

売上高
売上原価
　売上総利益
販売費及び一般管理費
　営業利益
営業外損益
　経常利益
特別損益
　税引前当期純利益
法人税、住民税及び事業税
当期純利益

貸借対照表
（△2年3月31日現在）

資産の部	負債の部
	純資産の部
総資産	総資本

株主資本等変動計算書…純資産の明細書

繰越利益剰余金
剰余金の配当

主要な申告書別表

▶別表四　税務の損益計算書

	当期利益	留　保	社外流出
申告調整	＋ △		配　当 その他
	課税所得	留保所得	

▶別表三（一）

留保金課税の計算

▶別表一　税額計算表

税額計算
課税所得 × 法人税率
△税額控除
＋留保金課税
△中間申告による納付額
納付すべき法人税額

▶別表五（一）　税務の貸借対照表

Ⅰ 利益積立金額の計算に関する明細書
利益準備金
別表四での留保項目
繰越損益金
納税充当金
未納法人税等

Ⅱ 資本金等の額の計算に関する明細書

▶別表五（二）　租税公課等の納付状況

法人税等
租税公課の納付状況に関する明細書
納税充当金の計算

2 何のために「法人税申告書」を作成するのか

法人税申告書は「２つの目的」で作成される

◉法人税申告書を作成する２つの目的

申告書別表のくわしい内容を見る前に、**「そもそも、法人税申告書は何のために作成するのか」**という目的を整理しておきましょう。

会社には申告と納税義務がありますので、納税義務を遂行するために法人税申告書を作成、提出します。国側から見れば、法人税額を計算して申告するための書類が法人税申告書ということになります。

ただ、納税者の立場から考えると、納税額を計算することに加えて、法人税申告書を作成することには、２つの目的があります。

法人税申告書を作成する大きな目的とは、税務上の**「所得」を計算**することと、税務上の**「純資産」を計算**することの２つです。

過大な納税をしないように税務での「所得」を正しく計算することはとても大切ですし、会社設立以後の課税済み所得の蓄積額である税務の「純資産」(利益積立金額）を把握することも大切な目的なのです。

法人税申告書を作成する２つの大きな目的を達成し、法人税申告書をほんとうに理解するカナメは、別表四と別表五(一)にあります。

税務での**「所得」を計算する書類が別表四**であり、税務での**「純資産」を計算する書類が別表五(一)**です。

会計において、損益計算書の税引後利益のうち内部留保した金額が貸借対照表の純資産（利益剰余金）に含まれて繰り越されるように、税務では課税済み所得のうち内部留保した金額が純資産（利益積立金額）に含まれて繰り越されていきます。別表四の所得計算において留保された「留保所得」は、別表五(一)の純資産を構成しますので、別表四と別表五(一)には深い関連があるのです。

別表のうち主役級である別表四と別表五(一)をマスターすることが、法人税申告書が分かるためのスタートであり、法人税申告書作成の目的を達成するためのゴールでもあります。

◉「所得」を正しく計算して、適正に納税する

法人税は、損益計算書の「利益」ではなく税務上の「所得」に対して課税されますが、企業会計の利益計算とまったく別作業で、税務上の所得を一から計算し直すのではなく、会計上の利益に税務調整を加減算することで所得を計算します。

法人税の所得を正しく計算し、適正に納税するためには、まず会計上の「利益計算が適正である」ことと、「税務調整とは何か」という基本を理解する必要があります。会計上の利益が適正に計算されていなければ、所得は正しく計算できませんし、税務調整を誤ると所得計算も誤るということになります。

このように会計上の利益を税務上の所得に置き換えていく計算過程のすべてが別表四に記載されます。別表四の用紙設計と記入ルールを知ることが、「確定した決算での利益」をスタートとして、「税務固有の調整を加減算する」ことで所得を計算するという法人税の基本概念を理解するための第1歩となります。

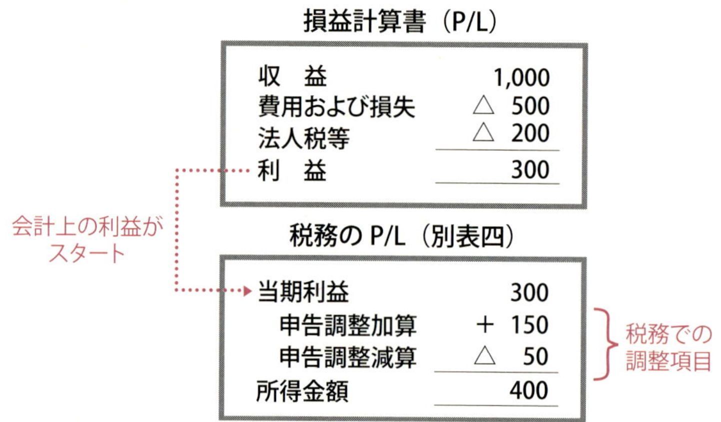

損益計算書（P/L）
収　益　1,000
費用および損失　△ 500
法人税等　△ 200
利　益　300
会計上の利益がスタート
税務のP/L（別表四）
当期利益　300
申告調整加算　＋ 150
申告調整減算　△ 50
所得金額　400
税務での調整項目

◉会計では内部留保した税引後「利益」が純資産に含まれる

会計では、税引後利益のうち内部留保した金額が純資産に含まれます。

具体的には、損益計算書の当期純利益（300）から剰余金の配当（50）と配当に伴う利益準備金への積立て（5）を差し引いた金額（245）が、貸借対照表の繰越利益剰余金を増加させる形で引き継がれていきます。

損益計算書（P/L）

収　益	1,000
費用および損失	△ 700
当期純利益	300

（注１）利益準備金は、繰越利益剰余金と同じく利益剰余金（内部留保）を構成する

貸借対照表（B/S）

資　産	負　債	
	純資産	
	資本金	100
	利益剰余金	
	利益準備金	15
	繰越利益剰余金	985
	純資産合計	1,100

株主資本等変動計算書

		利益剰余金		
	資本金	利益準備金	繰越利益剰余金	純資産合計
当期首残高	100	10	740	850
当期変動額				
剰余金の配当		（注）5	△ 55	△ 50
当期純利益			300	300
当期変動額合計		5	245	250
当期末残高	100	15	985	1,100

（注２）利益剰余金を原資として配当金を支払う場合には資本準備金と合わせて資本金の４分の１に達するまで、支払配当金の 10 分の１相当額を利益準備金に積み立てなければならない

◉税務では留保した課税済み「所得」が純資産に含まれる

税務では、課税済み所得のうち留保した金額が純資産に含まれます。

具体的には、別表四の「留保所得」(450) が別表五(一)の利益積立金額を増加させる形で引き継がれていきます。

▶別表四　所得金額の計算明細書（税務の損益計算書）

区　　分	総額	処分	
		留保	社外流出
	①	②	③
当期利益または当期欠損の額	300	250	配当　50 その他
申告調整（加算）	＋250	＋250	
申告調整（減算）	△ 50	△ 50	
所得金額または欠損金額	500	450	50

留保所得（450）が利益積立金額を増加させる

▶別表五(一)　純資産の計算明細書（税務の貸借対照表）

Ⅰ 利益積立金額の計算に関する明細書				
区　分	期首①	減②	増③	期末④
利益準備金	10		5	15
申告調整（加算）			＋ 250	＋ 250
申告調整（減算）			△ 50	△ 50
繰越損益金	740	740	985	985
差引合計額	750	740	1,190	1,200
Ⅱ 資本金等の額の計算に関する明細書				
資本金	100			100

税務上の期末純資産

それでは、税務上の「所得」の計算と「純資産」の把握という重要な目的を達成するために、法人税申告書を知る旅に出掛けましょう。

3 別表四で「課税所得」を計算する

別表四に申告調整のすべてが記載される

◉別表四は「税務の損益計算書」

法人税申告書の別表四は、税務での儲け（所得）を計算する明細書であり、**「法人税での損益計算書」**に相当する書類です。

別表四は、損益計算書の当期純利益からスタートし、加算または減算による申告調整のすべてを記入することで課税所得を計算します。

別表四の「総額」欄で課税所得が計算され、さらに申告調整項目は**「留保」**と**「社外流出」**の２つに区分して記入します。

損益計算書	株主資本等変動計算書
⋮	⋮
当期純利益 10,000	剰余金の配当 △1,000

▶別表四　所得金額の計算明細書（税務の損益計算書）

区　　分	総　額	処分	
		留　保	社外流出
	①	②	③
当期利益または当期欠損の額	10,000	9,000	配　当 1,000 その他
申告調整（加算） 申告調整（減算）	＋ △		
所得金額または欠損金額	課税所得	留保所得	

課税所得 → 別表一の法人税額の計算へ

留保所得 → 別表三(一)の特定同族会社の留保金課税の計算へ

申告調整（留保）→ 別表五(一)の「利益積立金額」の計算へ

◉別表四の「留保」欄に記載する項目

別表四の「留保」欄には、当期利益と社外に現金等が流出しない申告調整項目を記載します。別表四の留保項目は、別表五(一)へ転記され、税務上の純資産である「利益積立金額」を構成します。

別表四の「留保」とは、申告調整のうち翌期以降の所得計算にも影響を与える項目です。基本的に、貸借対照表科目（資産または負債）に関する会計と税務の差異であり、会計での利益計算を税務での所得計算に調整するときの税務上の修正仕訳の借方または貸方科目が貸借対照表科目である項目です。

また、留保欄の合計額は、当期において社内に留保した所得であり、「特定同族会社の留保金課税」の計算のために、別表三(一)の課税留保所得金額に記載されます。

当期利益の金額から剰余金の配当等による社外流出項目を控除した金額	
加算調整項目	損金経理をした法人税、地方法人税 損金経理をした道府県民税および市町村民税 損金経理をした納税充当金 減価償却の償却超過額 引当金繰入限度超過額 その他当期の否認項目で社外流出以外の項目
減算調整項目	減価償却超過額の当期認容額 納税充当金から支出した事業税等の金額 法人税等の中間納付額および過誤納に係る還付金額 その他当期の認容項目で社外流出以外の項目

◉別表四の「社外流出」欄に記載する項目

別表四の「社外流出」欄には、原則として、会社外に現金等が流出することにより、純資産を減少させる項目を記載します。申告調整のうち、翌期以降の所得計算に影響を与えない項目、当期だけで課税関係が終了する項目が社外流出欄に記載されます。

社外流出の欄は、「配当」と「その他」に区分されます。

配当欄には、当期に「効力発生日」が属する配当の額を記載するため、株主資本等変動計算書の「剰余金の配当」の金額と一致します。当期に効力発生日が属する配当とは、基本的に当期中に実際に支払った配当金の額をいいます。一般的には、前期決算にかかる確定配当と当期中間配当の金額が記載されることになります。一方、当期の決算確定日（定時株主総会）において決議される配当の効力発生日は翌期であるため、当期の別表四には記載しません。

また、社外流出のうち「※」印を付ける項目は、実際に純資産を減少させる項目ではないものの、当期だけで課税関係が終了する税務調整項目なので「留保」に記載することはできず社外流出に記載されます。

別表四において減算され、かつ、社外流出に記載する税務調整項目は、すべて「※」印が付されています。このように、本来の社外流出と区別する意味合いで「※」印を付ける項目は「課税外収入」と呼ばれています。

当期利益の金額のうち、剰余金の配当として支出した金額	
加算調整項目	損金経理をした附帯税等、加算税、延滞金および過怠税 交際費等の損金不算入額 寄附金の損金不算入額 役員給与の損金不算入額 法人税額から控除される所得税額
減算調整項目	受取配当等の益金不算入額※ 所得税額等の還付金額※ 欠損金の繰戻による還付金額※ 欠損金または災害損失金等の当期控除額※

※・・・課税外収入項目（社外に現金等は流出していないが、「留保」ではないため「※」印を付けることで「社外流出」に記載する減算項目）

別表四と決算書のつながり

損益計算書
⋮
当期純利益 10,000,000

株主資本等変動計算書
⋮
剰余金の配当 △1,000,000

当期に「効力発生日」が属する配当

▶別表四　所得の金額の計算に関する明細書

区分		総額 ①	処分 留保 ②	処分 社外流出	③
当期利益または当期欠損の額		10,000,000	9,000,000	配当	1,000,000
				その他	
加算	損金経理をした法人税、地方法人税	×××	×××		
加算	損金経理をした住民税	×××	×××		
加算	損金経理をした納税充当金	×××	×××		
加算	損金経理をした附帯税等	×××		その他	×××
加算	減価償却の償却超過額	×××	×××		
加算	交際費等の損金不算入額	×××		その他	×××
加算	役員給与の損金不算入額	×××		その他	×××
加算	過大役員退職給与の損金不算入額	×××		その他	×××
加算	未払寄附金否認額	×××	×××		
減算	減価償却超過額の当期認容額	×××	×××		
減算	納税充当金から支出した事業税等	×××	×××		
減算	受取配当等の益金不算入額	×××		※	×××
減算	中間納付法人税額等の還付金額	×××	×××		
減算	所得税額等の還付金額	×××		※	×××
減算	前期未払寄附金認容	×××	×××		
仮計		×××	×××	外※	××× ×××
寄附金の損金不算入額		×××		その他	×××
法人税額から控除される所得税額		×××		その他	×××
税額控除の対象となる外国法人税額		×××		その他	×××
繰越欠損金の当期控除額		△×××		※	△×××
所得金額または欠損金額		20,000,000	×××	外※	××× ×××

決算書上の当期純利益 → 当期利益または当期欠損の額

益金算入・損金不算入 → 加算

益金不算入・損金算入 → 減算

損金不算入 → 寄附金の損金不算入額、法人税額から控除される所得税額

益金算入 → 税額控除の対象となる外国法人税額

損金算入 → 繰越欠損金の当期控除額

課税所得

特定同族会社の留保金課税の計算へ

課税外収入項目

4 別表一で「法人税額」を計算する

別表一(一)は表紙でもあり税額計算表でもある

◉別表一への記載内容

法人税申告書別表の表紙である別表一は、すべての法人に作成、提出が義務づけられている「税額計算表」です。

別表一には、図のとおり、納税地・法人名・法人番号・代表者氏名・代表者住所・法人区分（普通法人かそれ以外か）・事業種目・期末資本金額および納税者（整理）番号などの税務に関する基本情報を記述します。

青色申告法人では、別表一を青色の用紙と別途OCR用紙にも記載し、

別表一に記載する会社情報

損益計算書

売上高	300,000,000
売上原価	
⋮	⋮

百万円未満の端数切り上げ

本店所在地を記載

代表者の自宅住所を記載

代表者の自署と自己の印を押印

▶別表一

令和 3 年 5 月 25 日
京橋 税務署長殿

納税地　東京都中央区築地1丁目△番地
電話（03　）3524 － ××

（フリガナ）ファイン　カブシキガイシャ
法人名　ファイン株式会社

法人番号　1111222223333 4

（フリガナ）トコロ　ヒロシ
代表者記名押印　所　ひろし　㊞

代表者住所　神奈川県川崎市幸区△丁目

法人区分　事業種目　プラスティック製品製造業
期末現在の資本金の額又は出資金の額　30,000,000 円
同非区分

青色申告　一連番号
整理番号　33333333
事業年度（至）
売上金額　300（百万）
申告年月日

平成・令和 02 年 04 月 01 日　事業年度分の法人税　確定　申告書
令和 03 年 03 月 31 日　課税事業年度分の地方法人税　確定　申告書

翌年以降送付要否　要　否
適用額明細書提出の有無　有　無
税理士法第30条の書面提出有　有
税理士法第33条の2の書面提出有　有

別表等の送付を希望するかどうか

法人税申告書の表紙として提出します。

別表一の右上部にある「売上金額」欄には、損益計算書の売上金額を百万円未満の端数を切り上げて、百万円単位で記載します。

「翌年以降送付要否」の欄には、次回以降、法人税申告書別表と勘定科目内訳明細書の送付を希望するかどうかについて、「要・否」のいずれかに○を付けます。法人税申告書作成をコンピュータ処理によっているため、紙の別表等を使用しない場合には、否に○を付けることにより、次回からは別表一式が送付されなくなります。その場合は、納付書など申告に当たって最低限必要となる書類のみが税務署から送られてきます。

また「租税特別措置の適用状況の透明化等に関する法律」（租特透明化法）の制定により、税額または所得金額を減額させる「法人税関係特別措置」の適用を受ける法人は「適用額明細書」を法人税申告書に添付する必要があります。別表一において、適用額明細書提出の有無についての記載が求められています。

グループ法人税制の施行に伴い、非中小法人等（資本金が５億円以上の法人の完全支配関係にある法人）に該当する法人は、別表一の「非中小法人等」欄に○印の記載が求められています。また完全支配関係がある法人を有する場合には、確定申告書に「完全支配関係がある法人との関係を系統的に示した図」を添付して提出する必要があります。

◉別表一での税額計算の流れ（令和３年３月期の事例）

別表一では、別表四の総額欄の所得金額に基づき、法人税の年税額および確定要納付額を計算します。

法人税率は23.2%（中小法人〈資本金５億円以上の法人の完全支配関係にある中小法人を除く〉の年間所得800万円までは15%）であり、別途、地方法人税（基準法人税額× 10.3%）が適用されます。

たとえば、令和３年３月期において、所得金額が2,000万円である場合には、資本金が１億円以下の中小法人の法人税額は3,984,000円（＝800万円× 15％＋1,200万円× 23.2％）、地方法人税額は410,352円（＝

3,984,000円× 10.3%）と計算します。資本金が1億円を超える大法人に対する法人税額は、464万円（= 2,000万円× 23.2％）、地方法人税額は

別表一での法人税額の計算（令和３年３月期の事例）

（中小法人の場合）

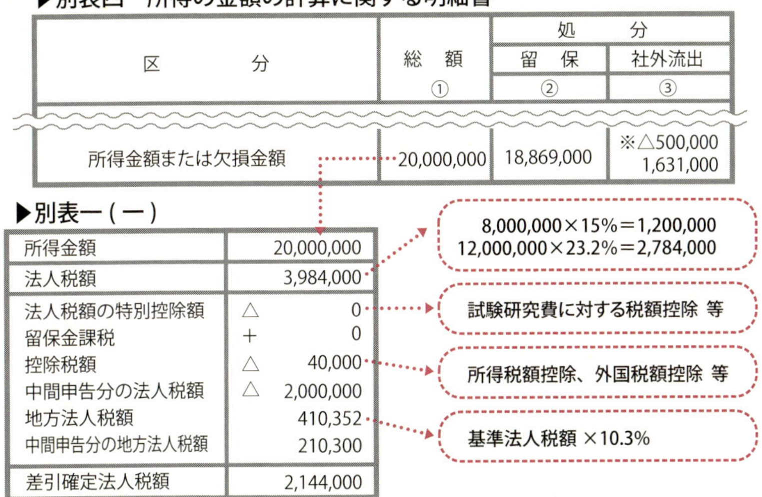

▶別表四　所得の金額の計算に関する明細書

区分	総額 ①	処分 留保 ②	処分 社外流出 ③
所得金額または欠損金額	20,000,000	18,869,000	※△500,000 1,631,000

▶別表一（一）

所得金額		20,000,000
法人税額		3,984,000
法人税額の特別控除額	△	0
留保金課税	＋	0
控除税額	△	40,000
中間申告分の法人税額	△	2,000,000
地方法人税額		410,352
中間申告分の地方法人税額		210,300
差引確定法人税額		2,144,000

（大法人の場合）

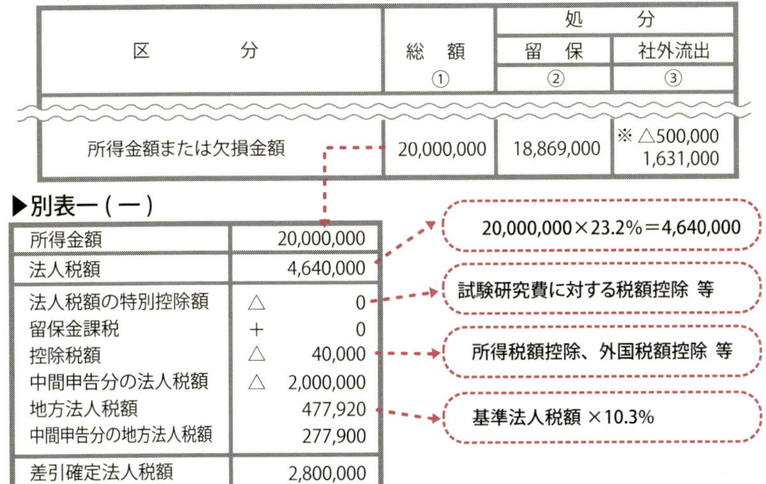

▶別表四　所得の金額の計算に関する明細書

区分	総額 ①	処分 留保 ②	処分 社外流出 ③
所得金額または欠損金額	20,000,000	18,869,000	※△500,000 1,631,000

▶別表一（一）

所得金額		20,000,000
法人税額		4,640,000
法人税額の特別控除額	△	0
留保金課税	＋	0
控除税額	△	40,000
中間申告分の法人税額	△	2,000,000
地方法人税額		477,920
中間申告分の地方法人税額		277,900
差引確定法人税額		2,800,000

477,920 円（= 464 万円× 10.3%）と計算されます。

この年税額から特別控除額（試験研究費の税額控除など）と中間納付額、控除税額（源泉徴収された所得税額など）を差し引いて、確定申告による要納付額を計算します。このほか「特定同族会社」が会社に留保した一定金額以上の留保所得に対しては、通常の法人税額に加えて特別税率による留保金課税が行なわれるため、その税額も合わせて納付します。

◉別表一と決算書のつながり

別表一の右下部にある「剰余金・利益の配当」の欄には、当期に「効力発生日」が属する配当額を記載します。当期に効力発生日が属する配当とは、当期中に実際に支払った配当であるため、株主資本等変動計算書の「剰余金の配当」の金額と一致します。

結果として、別表一に記載する配当の額は、先に見た別表四に記載する配当の額と同じ金額となります。

別表一と決算書のつながり

株主資本等変動計算書

剰余金の配当　△ 1,000,000

▶別表一

当期に「効力発生日」が属する配当

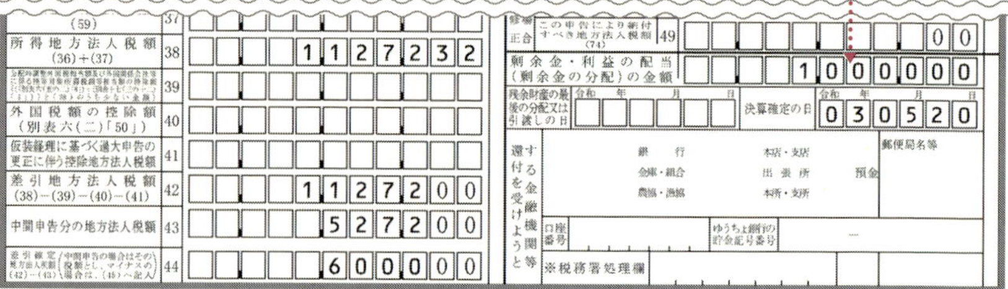

(59)	37	
所得地方法人税額 (36)+(37)	38	1127232
[illegible]	39	
外国税額の控除額（別表六(二)「50」）	40	
仮装経理に基づく過大申告の更正に伴う控除地方法人税額	41	
差引地方法人税額 (38)−(39)−(40)−(41)	42	1127200
中間申告分の地方法人税額	43	527200
差引確定地方法人税額 (42)−(43)（中間申告の場合はその税額とし、マイナスの場合は、(45)へ記入）	44	600000

修正申告の場合 この申告により納付すべき地方法人税額 (74)	49	00
剰余金・利益の配当（剰余金の分配）の金額		1000000
残余財産の最後の分配又は引渡しの日		令和　年　月　日
決算確定の日		令和 03年05月20日

還付を受けようとする金融機関等：銀行・金庫・組合・農協・漁協　本店・支店・出張所・本所・支所　預金　郵便局名等　口座番号　ゆうちょ銀行の貯金記号番号

※税務署処理欄

5 別表五(一)で「税務の純資産」を計算する

別表五(一)で利益積立金額と資本金等の額を報告する

◉別表五(一)の役割

別表五(一)は、**「法人税での貸借対照表」**に相当する書類であり、税務上の「利益積立金額」と「資本金等の額」の計算に関する明細書です。

貸借対照表の「純資産の部」および別表四での計算過程における留保項目は、別表五(一)へ記載され、税務上の純資産に含まれます。

貸借対照表の負債に計上されている「未払法人税等」は、税務上の負債とは認められず、別表五(一)の利益積立金額の計算明細のなかで「納税充当金」としてプラスで記載することにより純資産を構成します。

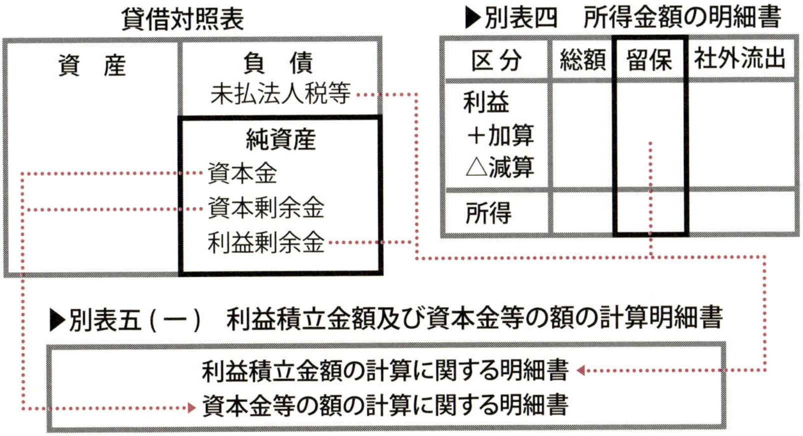

貸借対照表

資　産	負　債 未払法人税等 純資産 資本金 資本剰余金 利益剰余金

▶別表四　所得金額の明細書

区 分	総額	留保	社外流出
利益 ＋加算 △減算			
所得			

▶別表五(一)　利益積立金額及び資本金等の額の計算明細書

利益積立金額の計算に関する明細書 ◀…（未払法人税等・利益剰余金・別表四の留保より）
資本金等の額の計算に関する明細書 ◀…（資本金・資本剰余金より）

◉「純資産の部」と別表五(一)

貸借対照表での純資産の部は、（1）株主資本、（2）評価・換算差額等および（3）新株予約権に区分して表示し、これら純資産の部の項目の計算明細書として株主資本等変動計算書を作成します。貸借対照表の純資産の部の各項目は、基本的に、別表五(一)にも転記されます。

貸借対照表の純資産のうち、**「利益剰余金」とは過去からの税引後「利益」の蓄積額**であり、別表五(一)の**「利益積立金額」とは過去からの課税済み「所得」のうち留保した金額の蓄積額**です。

別表五(一)の「繰越損益金」の欄には、貸借対照表および株主資本等変動計算書の「繰越利益剰余金」の当期中の増減が記載されます。

別表五(一)は、原則として、「総額」により記載するため、期首の繰越利益剰余金を繰越損益金の減算欄でいったん取り消したうえで、当期末の繰越利益剰余金を繰越損益金の増加欄に記載します。そのため、繰越損益金の減少欄と増加欄の差額である純増加額は、「当期純利益（－剰余金の配当などの利益処分の額)」を表わしています。

また、株主資本のなかの**「自己株式」**とは、自社が所有する自社の株式ですが、会社が自己株式を取得することは株主に対する財産の払い戻しであるといえます。そのため会計上も税務上も、自己株式は資産ではなく、純資産の控除項目として表示します。

◉別表五(一)の増減欄への記載

別表五(一)の「当期の増減」の「減②」には、期首残高の戻し入れ、別表四での減算留保項目を記載します。別表五(一)では、法人税と住民税の発生と納付については、原則として、未納法人税等を通して「総額」により記載します。前期確定分と当期中間分の法人税等の納付額は、未納法人税等の減少であり「減②」に書きます。未納法人税等の減少とは、税務上の純資産のマイナス項目の減少であるため、別表四にて加算「留保」にも記載されます。

別表五(一)の「当期の増減」の「増③」には、別表四での加算「留保」項目、当期末の繰越損益金（繰越利益剰余金）を記載します。当期中間分と当期確定分の法人税等の発生は、未納法人税等の増加であり、「増③」に書きます。未納法人税等の増加とは、税務上の純資産のマイナス項目の増加を意味します。

別表五(一)の中身と役割

B/S および株主資本等変動計算書の「利益準備金」を記載する
前期の別表五(一)の繰越額を転記
別表四の減算留保項目、未納法人税等の納付額
別表四の加算留保項目、還付税額、未納法人税等の引当額、当期の利益剰余金の変動額

▶別表五(一) 利益積立金額及び資本金等の額の計算に関する明細書

Ⅰ 利益積立金額の計算に関する明細書

区分		期首現在利益積立金額	当期の増減 減	当期の増減 増		差引翌期首現在利益積立金額
		①	②	③		④
利益準備金		10			1	11
別途積立金		100				100
別表四の留保項目 (＋) 留保加算 (△) 留保減算						
繰越損益金（損は赤）		500	500		539	539
納税充当金		25	25		20	20
未納法人税等	未納法人税、地方法人税（附帯税を除く）	△ 18	△ 24	中間	△ 6	△ 14
				確定	△ 14	
	未納道府県民税（均等割額を含む）	△ 4	△ 6	中間	△ 2	△ 3
				確定	△ 3	
	未納市町村民税（均等割額を含む）	△	△	中間	△	△
				確定	△	
差引合計額		613	495		535	653

Ⅱ 資本金等の額の計算に関する明細書

区分	期首現在資本金等の額	当期の増減 減	当期の増減 増	差引翌期首現在資本金等の額
資本金又は出資金	100		10	110
資本準備金	10			10
自己株式	△ 4			△ 4
差引合計額	106		10	116

B/S の「未払法人税等」を記載する（会計上は負債だが税務では純資産に含む）
税務上の純資産（利益積立金額＋資本金等の額）
B/S および株主資本等変動計算書の「繰越利益剰余金」を記載する

別表五(一)は「期首残高→減少→増加→期末残高」の順序で書きます

このように別表五(一)では、会計上の純資産に所得計算での留保項目、未納法人税等の動きを調整することにより、税務上の純資産を計算する過程が記載されます。

別表五(一)を見ることにより、貸借対照表の純資産と、税務上の純資産（利益積立金額と資本金等の額の合計）の食い違いが分かります。

◉「納税充当金」と「未納法人税等」

納税充当金とは、貸借対照表の未払法人税等の税法での呼称であり、会社が決算整理仕訳で引き当てた会計上の未払税額（負債）です。

納税充当金と未納法人税等

前期末の貸借対照表の未払法人税等

当期末の貸借対照表の未払法人税等

▶別表五(一)　利益積立金額及び資本金等の額の計算明細書

Ⅰ　利益積立金額の計算に関する明細書						
区　分		期首現在利益積立金額	当期の増減			差引翌期首現在利益積立金額
			減	増		
		①	②	③		④
利益準備金		10			1	11
別途積立金		100				100
繰越損益金（損は赤）		500	500		539	539
納税充当金		25	25		20	20
未納法人税等	未納法人税、地方法人税(附帯税を除く)	△　18	△　24	中間	△　6	△　14
				確定	△　14	
	未納道府県民税(均等割額を含む)	△　4	△　6	中間	△　2	△　3
				確定	△　3	
	未納市町村民税(均等割額を含む)	△	△	中間	△	△
				確定	△	
差引合計額		613	495		535	653

前期確定分の未納税額〈別表五(二)〉

前期確定分と当期中間分の納付額〈別表五(二)〉

当期中間分と当期確定分の発生額

当期末の未納税額〈別表五(二)〉

貸借対照表の未払法人税等の動き

別表五(一)で「納税充当金」はプラスで記載し、「未納法人税等」は△で記載します

別表五(一)と貸借対照表のつながり

貸借対照表・・・会社の「財産表」

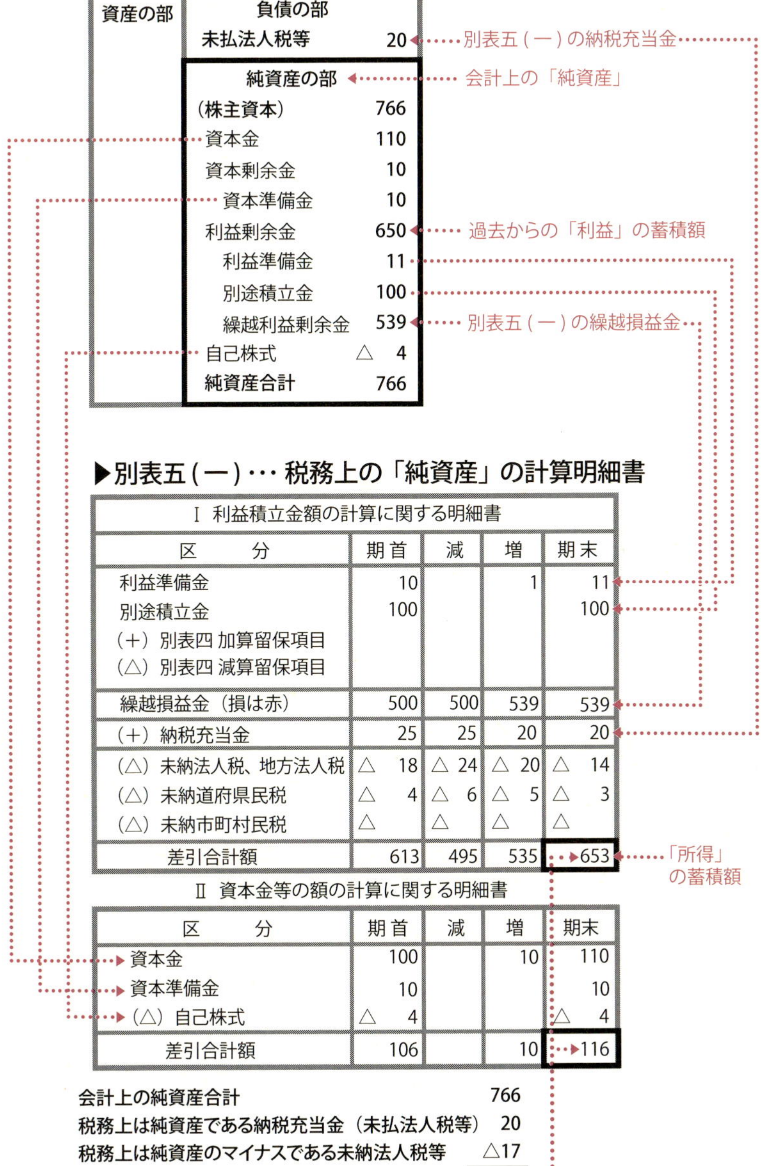

資産の部	負債の部	
	未払法人税等	20
	純資産の部	
	（株主資本）	766
	資本金	110
	資本剰余金	10
	資本準備金	10
	利益剰余金	650
	利益準備金	11
	別途積立金	100
	繰越利益剰余金	539
	自己株式	△ 4
	純資産合計	766

▶別表五(一)・・・税務上の「純資産」の計算明細書

Ⅰ 利益積立金額の計算に関する明細書

区分	期首	減	増	期末
利益準備金	10		1	11
別途積立金	100			100
（＋）別表四 加算留保項目				
（△）別表四 減算留保項目				
繰越損益金（損は赤）	500	500	539	539
（＋）納税充当金	25	25	20	20
（△）未納法人税、地方法人税	△ 18	△ 24	△ 20	△ 14
（△）未納道府県民税	△ 4	△ 6	△ 5	△ 3
（△）未納市町村民税	△	△	△	△
差引合計額	613	495	535	653

Ⅱ 資本金等の額の計算に関する明細書

区分	期首	減	増	期末
資本金	100		10	110
資本準備金	10			10
（△）自己株式	△ 4			△ 4
差引合計額	106		10	116

会計上の純資産合計	766
税務上は純資産である納税充当金（未払法人税等）	20
税務上は純資産のマイナスである未納法人税等	△17
税務上の純資産（利益積立金額＋資本金等の額）	769

別表五(一)の納税充当金には、当期の未払法人税等の動きを記載しますので、①期首の欄は前期末の貸借対照表における未払法人税等と同額であり、④差引翌期首現在利益積立金額の欄は、当期末の貸借対照表における未払法人税等と同額となります（74頁図参照）。

一方、未納法人税等とは申告書作成により計算された実際に納付すべき税額（実額）であり、別表五(二)に記載された法人税と住民税の期末未納税額と一致します。

税務では、納税充当金を債務の確定している負債とは認めず純資産にプラスし、実額での未納法人税等を税務上の負債として純資産からマイナスします。すなわち、別表五(一)において、納税充当金（未払法人税等）はプラスで表示され税務上の純資産に含まれる一方で、未納法人税等はマイナスで表示され税務上の純資産から控除されます。

前頁図の別表五(一)では、貸借対照表での未払法人税等20を納税充当金として税務上の純資産に含める一方で、未納法人税等17（未納法人税と未納住民税の合計額）は純資産からマイナスされています。

なお、未納法人税等（純資産のマイナス）に税務の負債として計上されるのは、法人税と住民税だけです。事業税については、税務上、現金主義により、申告書提出日（支払日）において損金算入されるため、期末未納税額の計上はしません。

結果として、別表四での「留保」による申告調整がないと仮定すると、会計上の純資産766と税務上の純資産769との差額は、納税充当金（20）と未納法人税等（△17）との差額3（未払事業税の額）であることが分かります。

6 株主資本等変動計算書と別表五（一）のつながり

株主資本等変動計算書は「純資産」の増減明細書

◉「株主資本等変動計算書」の内容と役割

「株主資本等変動計算書」とは、貸借対照表の「純資産の部」の変動額とその変動事由を表わす計算書類です。つまり株主資本等変動計算書は、前期末と当期末の貸借対照表における純資産の部をつなぐ書類であり、純資産の部（株主資本、評価・換算差額等、新株予約権）の前期末残高および１事業年度中の変動額と当期末残高を記載します。

そのため、株主資本等変動計算書の純資産合計の当期首残高は貸借対照表の純資産の部の前期末合計額と同額であり、当期末残高は貸借対照表の純資産の部の当期末合計額と同額です。

株主資本等変動計算書では、株主資本（資本金、資本剰余金、利益剰余金および自己株式）については、それぞれの項目ごとに当期首残高、当期変動額および当期末残高が明らかにされるとともに、当期変動額は各変動事由ごとに金額および変動事由を記載します。

◉株主資本等変動計算書と「剰余金の配当」

株主資本等変動計算書は当期中の純資産の増減を報告する書類なので、「剰余金の配当」の欄には、当期に「効力発生日」が属する配当が記載されます。当期に効力発生日が属する配当とは、当期中に現金が流出するとともに、純資産も減少させる配当です。

そのため、前期の確定決算にかかる剰余金の配当と当期の中間配当は当期に支払われるとともに、当期の純資産を減少させるものなので、当期の株主資本等変動計算書に記載します。

反対に、当期の確定決算にかかる剰余金の配当は、翌期の剰余金を減少させるため、当期の株主資本等変動計算書には記載しません。

結果として、株主資本等変動計算書の剰余金の配当には、前期の確定配当と当期の中間配当の合計額が報告されることになります。

そして、株主資本等変動計算書に記載された配当の額は、利益剰余金を減少させるものであるため、別表四の社外流出の欄にも記載します。

なお会社法において、「利益剰余金を原資として配当金を支払う場合には、資本準備金と合わせて資本金の４分の１に達するまで、支払配当金の10分の１相当額を利益準備金に積み立てなければならない」というルールがあります。当期中の支払配当金は10ですが、その10分の１相当額を繰越利益剰余金から利益準備金に積み立てたため、剰余金の配当による繰越利益剰余金の当期変動額は、△11となっています。

◉株主資本等変動計算書と別表

貸借対照表の「純資産」の増減明細書が株主資本等変動計算書であり、税務上の純資産の計算明細書が別表五(一)です。そのため、株主資本等変動計算書と別表五(一)は、深い関わりをもっています。

基本的に、当期の株主資本等変動計算書に記載された純資産の増減は、すべて別表五(一)に記載されます。

利益剰余金のうち「繰越利益剰余金」は、別表五(一)では「繰越損益金」という名称にて当期中の増減が記載されます。

ただ、別表五(一)は総額による表示を原則としているため、前期末の繰越利益剰余金を繰越損益金の減少欄でいったん取り消したうえで、当期末の繰越利益剰余金を繰越損益金の増加欄に記入します。

そのため、減少欄と増加欄との差額が繰越利益剰余金の純増加額を意味します。当期の経営活動の結果、当期純利益（50）より、剰余金の配当の支払（10）と、それに伴う利益準備金の積立て（1）を差し引いた金額（39）が繰越損益金を増加させていることが分かります。

期首の繰越損益金（500）に当期の純増加額（39）を加えた金額が当期末の繰越損益金であり、翌期に繰り越される繰越損益金（539）です。

株主資本等変動計算書と別表五(一)のつながり

株主資本等変動計算書・・・会計上の「純資産」の明細書

	株主資本								純資産合計
	資本金	資本準備金	利益剰余金				自己株式	株主資本合計	
			利益準備金	その他利益剰余金		利益剰余金合計			
				別途積立金	繰越利益剰余金				
当期首残高	100	10	10	100	500	610	△4	716	716
当期変動額									
新株発行	10							10	10
剰余金の配当			1		△11	△10		△10	△10
当期純利益					50	50		50	50
当期変動額合計	10		1		39	40		50	50
当期末残高	110	10	11	100	539	650	△4	766	766

「利益」の蓄積額

利益剰余金を原資として配当金を支払う場合には、資本準備金と合わせて資本金の４分の１に達するまで、支払配当金の10分の１相当額を利益準備金に積み立てなければならない

税務の調整（＋）（△）

▶別表五(一)・・・税務上の「純資産」の計算明細書

Ⅰ 利益積立金額の計算に関する明細書				
区分	期首	減	増	期末
利益準備金	10		1	11
別途積立金	100			100
別表四での留保項目				
繰越損益金（損は赤）	500	500	539	539
納税充当金	25	25	20	20
未納法人税等	△22	△30	△25	△17
差引合計額	613	495	535	653

「所得」の蓄積額

Ⅱ 資本金等の額の計算に関する明細書

区分	期首	減	増	期末
資本金	100		10	110
資本準備金	10			10
自己株式	△4			△4
差引合計額	106		10	116

▶別表四・・・税務上の損益計算書（所得の計算明細書）

区分	総額	処分		
		留保	社外流出	
	①	②	③	
当期利益または当期欠損の額	50	40	配当	10
			その他	

7 別表五(二)は税金納付の明細書

別表五(二)は租税公課の明細書の役割を果たす

◉「租税公課」の納付状況

別表五(二)は、「租税公課の納付状況」と「納税充当金の繰入額および取崩額」を報告する明細書です。損益計算書の「租税公課」と「法人税、住民税および事業税（法人税等)」にて経理処理した税金科目と貸借対照表の「未払法人税等」の内訳書の役割を果たしています。

▶別表五(二) 租税公課の納付状況と納税充当金の計算明細書

租税公課の納付状況

- 法人税（地方法人税を含む。以下同じ）→ 損金不算入
- 道府県民税 → 損金不算入
- 市町村民税 → 損金不算入
- 事業税
- 損金算入の租税公課
- 損金不算入の租税公課 → 損金不算入

納税充当金の計算

- 期首納税充当金
- ＋繰入額（損金経理をした納税充当金）→ 損金不算入
- △取崩額
- 期末納税充当金

法人税、住民税、事業税のほか、損金算入される租税公課、損金不算入である租税公課についての納付状況を記載します。

別表五(二)に記載される内容

損金経理により納付した法人税等および租税公課

納付税額の会計処理方法に応じて記入

▶別表五（二）　租税公課の納付状況等に関する明細書

税目及び事業年度		期首現在未納税額	当期発生税額	当期中の納付税額 充当金取崩し	当期中の納付税額 仮払経理による納付	当期中の納付税額 損金経理による納付	期末現在未納税額 ①＋②－③－④－⑤
		①	②	③	④	⑤	⑥
法人税	前期分	18		18			
	当期分中間		6			6	
	当期分確定		14				14
	計	18	20	18		6	14
道府県民税	前期分	4		4			
	当期分中間		5			5	
	当期分確定		3				3
	計	4	8	4		5	3
その他	（損金算入のもの）						
	利子税						
	印紙税等		8			8	
	（損金不算入のもの）						
	延滞税						
	源泉所得税		5			5	

納税充当金の計算

期首納税充当金		25	取崩額	その他	損金算入のもの	
繰入額	損金経理をした納税充当金	20			損金不算入のもの	
	計	20			仮払税金消却	
取崩	法人税額等	22		計		25
	事　業　税	3	期末納税充当金			20

貸借対照表の期末の「未払法人税等」と一致

別表五（一）の「利益積立金額」に含まれる

貸借対照表の期首の「未払法人税等」と一致

別表四での減算留保項目「納税充当金から支出した事業税等の金額」

損益計算書の租税公課を損金算入のものと
損金不算入のものに区分して明細を記載する

別表四での加算留保項目「損金経理をした納税充当金」

◉「納税充当金」と「未払法人税等」

別表五(二)の「納税充当金の計算」の欄は、当期中の納税充当金の動き、つまり貸借対照表の未払法人税等の取り崩しと引当を記載します。

そのため、別表五(二)の期首の納税充当金は前期末の貸借対照表の「未払法人税等」と同額であり、期末の納税充当金は当期末の貸借対照表の「未払法人税等」と同額となります。

また、納税充当金（未払法人税等）は会社が決算整理仕訳で引き当てた会計上の未払税額（負債）ですが、税務上は負債として取り扱われず、別表五(一)において純資産に含まれます。そのため、別表五(二)の「納税充当金の計算」と同じ内容が別表五(一)にも記載されます。

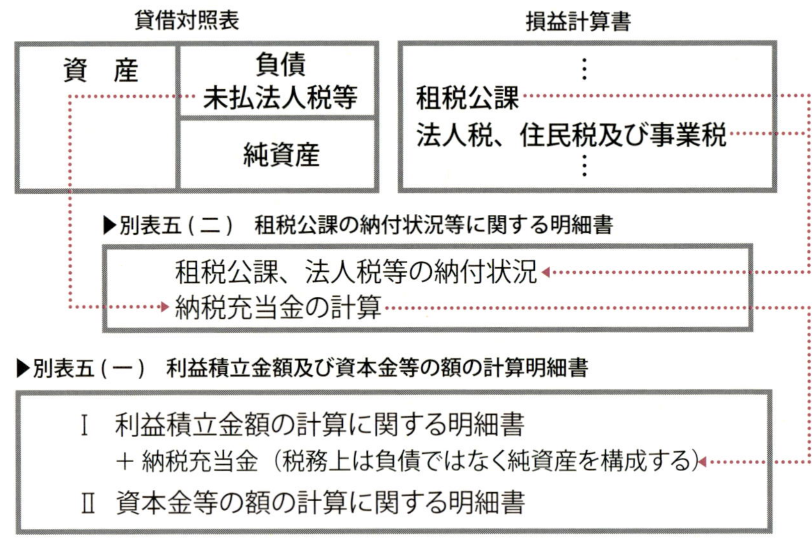

◉「納税充当金」の別表への記載

別表五(二)の「納税充当金の計算」欄には、期首納税充当金を取り崩して納付した法人税等の金額と決算整理仕訳で引き当てた納税充当金（損金経理をした納税充当金）の額を記載します。

また、納税充当金への繰入額は損金に算入されないため、「損金経理をした納税充当金」は、その全額が別表四にて加算「留保」として申告調整

納税充当金と別表

納税充当金（未払法人税等）は税務上の純資産を構成するとともに納税充当金の繰入額は損金に算入されない

▶別表五（二） 租税公課の納付状況等に関する明細書

納税充当金の計算

期首納税充当金		25	取崩額	その他	損金算入のもの	
繰入額	損金経理をした納税充当金	20			損金不算入のもの	
	計	20			仮払税金消却	
取崩	法人税額等	22			計	25
	事業税	3	期末納税充当金			20

納税充当金の取り崩しにより納付した事業税は別表四で減算「留保」することで損金算入される

貸借対照表の期末未払法人税等

▶別表四 所得の金額の計算に関する明細書

区分		総額	処分	
			留保	社外流出
		①	②	③
当期利益または当期欠損の額				配当
				その他
加算	損金経理をした納税充当金	20	20	
	小計			
減算	納税充当金から支出した事業税等の額	3	3	
	小計			

▶別表五（一） 利益積立金額及び資本金等の額の計算に関する明細書

Ⅰ 利益積立金額の計算に関する明細書

区分		期首現在利益積立金額	当期の増減			差引翌期首現在利益積立金額
			減	増		
		①	②	③		④
利益準備金		10			1	11
別途積立金		100				100
繰越損益金（損は赤）		500	500		539	539
納税充当金		25	25		20	20
未納法人税等	未納法人税、地方法人税（附帯税を除く）	△ 18	△ 24	中間	△ 5	△ 14
				確定	△ 14	
	未納道府県民税（均等割額を含む）	△ 4	△ 9	中間	△ 6	△ 3
				確定	△ 3	
	未納市町村民税（均等割額を含む）	△	△	中間	△	△
				確定	△	
差引合計額		613	492		532	653

されます。その一方で、納税充当金（未払法人税等）を取り崩して納付した事業税は、支払日に損金算入されるため、別表四で減算「留保」にて申告調整されます。

納税充当金は、税務上の純資産に含まれるため、別表五(一)にも、当期中の増減明細が記載されます。

◉損金にならない租税公課

会社が納付する税金（租税公課）は、国税または地方税を問わず、会計上は、一般に費用として経理されます。

しかし法人税法においては、次に掲げる租税公課については、別段の定めにより、損金の額に算入しないこととされています。

①法人税、地方法人税の本税（利子税を除く）

②住民税（均等割額を含む）

③延滞税、過少申告加算税、無申告加算税など

④税額控除される所得税（税額控除を選択しない所得税を除く）

これらのほか、法人が納付する罰金、科料、過料、交通反則金等も損金に算入されません。罰金を支払うことで法人所得が減少し、法人税の納付額が軽減されたのでは、罰金の効果が減殺されてしまうからです。

このような損金に算入されない租税公課を損金経理した場合には、別表四において加算による申告調整の対象となります。延滞税や罰金の損金不算入額は、当期で課税関係が終了するため、別表四「社外流出」で加算します。

法人税と住民税の納付については、税務では「未納法人税等」の取り崩しにより納付したと捉えており、純資産の増減記録に影響があるため、別表五(一)への記載と合わせて別表四では「留保」加算します。

◉損金算入される租税公課

租税公課のうち固定資産税、印紙税、不動産取得税、自動車税、利子税、地方税の納期限延長にかかる延滞金のほか、事業税（特別法人事業税

別表五(二)と別表四への「租税公課」の記載

租税公課の元帳

日付	番号	相手勘定科目 相手補助科目	摘　　要	借方金額	貸方金額	残高
4/25	29	現　　金	登録免許税	30		30
5/21	37	現　　金	収入印紙	60		90
6/30	46	普通預金 丸菱銀行	固定資産税（本社社屋分）	300		390
8/25	59	現　　金	駐車違反罰金（営業２課）	10		400
10/15	72	現　　金	登録免許税	50		450
当期累計				450		450

▶別表四　所得の金額の計算に関する明細書

区　　分		総額	処分		
			留保	社外流出	
		①	②	③	
当期利益または当期欠損の額				配　当	
				その他	
加算	損金経理をした法人税、地方法人税	6	6		
	損金経理をした附帯税等	10		その他	10

罰金や延滞税は別表四にて加算「社外流出」により申告調整をする

法人税と住民税は別表四にて加算「留保」により申告調整をする

▶別表五（二）　租税公課の納付状況等に関する明細書

税目及び事業年度		期首現在未納税額	当期発生税額	当期中の納付税額			期末現在未納税額 ①＋②－③－④－⑤
				充当金取崩し	仮払経理による納付	損金経理による納付	
		①	②	③	④	⑤	⑥
法人税	前期分						
	当期分中間		6			6	
	当期分確定						
その他	(損金算入のもの)						
	固定資産税等		440			440	0
	(損金不算入のもの)						
	罰　金		10			10	0

租税公課について「損金算入のもの」と「損金不算入のもの」に区分して記載する

を含む）は損金に算入されます。事業税については、申告書を提出した日（支払日）において現金主義にて損金算入されるため、前期確定分と当期中間分の事業税の納付額が当期の損金に算入されます。

なお、利子税および申告期限の延長特例を受けている場合の延滞金は、延長期間の利息に相当する金額なので損金に算入されます。

◉別表五(二)と別表四のつながり

別表五(二)では、当期中に納付した税金について、その納付方法に応じて記載します。税金の納付方法は、③充当金の取り崩しによる納付、④仮払経理による納付、⑤損金経理による納付の３つに区分され（次頁図参照)、それぞれの経理処理によって別表四への記入方法が変わってきます。

ただ、税金勘定を別表四にどのように記載するかは、その科目が、税務での**「損金に算入されるかどうか」**と**「純資産の増減に影響するかどうか」**という基本に立ち返れば、決して難しくありません。

損金算入されない租税公課を損金経理した場合には、別表四にて加算しなければなりません。そして、当期限りで課税関係が終了する税金の納付は「社外流出」となり、別表五(一)の納税充当金や未納法人税等の増減に関わりのある税金の納付は「留保」となります。

前期確定分の事業税につき納税充当金（未払法人税等）を取り崩して納付した場合には、別表四で「納税充当金から支出した事業税等の額」として減算「留保」します。

延滞税などの附帯税を納税充当金（未払法人税等）の取り崩しにより納付した場合には、いったん別表四で減算「留保」して損金算入扱いにするとともに、そのうち損金不算入のものを加算「社外流出」します。

中間申告分の納付に当たり、損金不算入である法人税と住民税を損金経理により納付した場合は別表四にて加算「留保」し、附帯税を損金経理により納付した場合は別表四にて加算「社外流出」します。

別表五(二)と別表四のつながり

▶別表五(二) 租税公課の納付状況等に関する明細書

納付税額の会計処理方法に応じて記入

税目及び事業年度	期首現在未納税額	当期発生税額	当期中の納付税額			期末現在未納税額 ①+②−③−④−⑤
			充当金取崩し	仮払経理による納付	損金経理による納付	
	①	②	③	④	⑤	⑥

納税充当金の計算					
期首納税充当金		25	取崩額	その他 損金算入のもの	
繰入額	損金経理をした納税充当金	20		その他 損金不算入のもの	
繰入額				その他	
繰入額	計	20		その他 仮払税金消却	
取崩	法人税額等	22		計	25
取崩	事業税	3	期末納税充当金		20

▶別表四 所得の金額の計算に関する明細書

区分		総額	処分 留保	処分 社外流出
		①	②	③
当期利益または当期欠損の額				配当 / その他
加算	損金経理をした法人税、地方法人税(附帯税を除く)			
加算	損金経理をした住民税			
加算	損金経理をした納税充当金	20	20	
加算	損金経理をした附帯税(利子税を除く)、加算税等			
加算	小計			
減算	納税充当金から支出した事業税等の額	3	3	
減算	仮払法人税認定損			
減算	所得税額等及び欠損金の繰戻しによる還付金額等			
減算	小計			
仮計				
法人税額から控除される所得税額				
税額控除の対象となる外国法人税の額等				
合計				

第２章のまとめ

「申告書別表」をやさしくマスターするコツ

- 別表一は法人税申告書の表紙であり、税額計算表である
- 法人税申告書の作成により「所得」と「純資産」が計算できる
- 別表四、別表五（一）、別表五（二）の主要３表を理解しよう！
- 別表四は所得金額を計算する「税務上の損益計算書」である
- 社外に現金等が流出しない申告調整は別表四の「留保」に記載する
- 別表四の「留保」は税務上の純資産として別表五（一）に記載される
- 法人税、地方法人税と法人住民税の発生と納付については、「未納法人税等」を通して記録するため別表四の「留保」として加減算される
- 前期確定分の事業税を未払法人税等（納税充当金）の取り崩しにより納付した場合には、別表四にて減算「留保」される
- 未払法人税等の引当額（損金の額に算入した納税充当金）は損金不算入であるため、別表四で加算「留保」される
- 別表五（一）は純資産を計算する「税務上の貸借対照表」である
- 別表五（一）の増減欄は、原則として、総額により表示する
- 別表五（二）は租税公課の納付状況と納税充当金の明細書である
- 貸借対照表の未払法人税等を、税務では「納税充当金」と呼ぶ
- 納税充当金は税務上の負債ではなく純資産にプラスする
- 税務では、実額による未払税金を「未納法人税等」と呼称する
- 未納法人税等は税務の負債として純資産からマイナスされる
- 税務では現金主義で損金算入される事業税を未払計上しない

第3章

別表四と別表五(一)の美しき連携プレー

1 別表四と別表五(一)とのつながり

☞別表四の留保所得は純資産に含まれて翌期に引き継がれる

●別表四と別表五(一)が重なり合う部分

この章の始まりとして、序章で見たとおり、次の図の別表四と別表五(一)の網掛け部分(B)が同じ金額になることを思い出してください(19頁図参照)。なお、法人税には地方法人税を含みます。

▶別表四　所得金額の計算明細書

区分		総額	処分	
			留保	社外流出
		①	②	③
当期利益または当期欠損の額				配当 その他
加算	申告調整加算			
減算	申告調整減算			
所得金額または欠損金額			(B)	

同額となる部分(B)

▶別表五(一)　税務上の純資産の計算明細書

Ⅰ 利益積立金額の計算に関する明細書				
区分	期首①	減②	増③	期末④
その他の利益剰余金(注) 申告調整項目 繰越損益金 納税充当金			(B)	
未納法人税	△	△	中間　△ 確定　△	△
未納住民税	△	△	中間　△ 確定　△	△
差引合計額	(A)			(C)

(注)その他の利益剰余金…繰越利益剰余金以外の利益剰余金

別表四の所得計算において留保された金額は、別表五(一)の税務上の純資産に含められ、利益積立金額として翌期に繰り越されます。

結果として、別表四と別表五(一)には、

「(A) + (B) − 中間分と確定分の法人税と住民税の当期発生額=(C)」という関係が成り立ちます。別表四と別表五(一)は、当期の留保所得を連結管として、それぞれ深いつながりをもっているのです。

それでは、別表四の留保所得金額を受け入れたうえで、翌期に繰り越す純資産額を正しく計算できるように、別表五(一)が設計されていることを確認しておきましょう。

◉別表四での留保所得金額の計算

別表四では、次の算式のとおり、留保所得金額(B)が計算されます。

当期留保所得金額(B)
= 当期利益「留保」+ 申告調整加算「留保」− 申告調整減算「留保」

別表四で計算する所得金額とは、法人税の課税対象となる金額なので、当然ながら、**法人税と住民税を控除する前の金額**です。つまり別表四の所得金額は、法人税と住民税の支払額や納税充当金の引当額を当期利益に足し戻した**「税引前の所得金額」**です。

そこで上記の算式のうち申告調整について、法人税等に関する申告調整とその他の申告調整を明確に区分してみると次のようになります。

当期留保所得金額(B)
= 当期利益「留保」
+ 法人税等以外の申告調整加算「留保」
− 法人税等以外の申告調整減算「留保」
+ 前期確定分の法人税と住民税の支払額
− 法人税等の納付による納税充当金の取り崩し額
+ 当期中間分の法人税と住民税の支払額
+ 当期確定分の納税充当金への繰入額

◉別表五(一)での純資産額の計算

別表五(一)の純資産のうち利益積立金額とは**「課税済み所得のうち留保した金額の蓄積額」**です。そのため、別表四の留保所得金額から、法人税と住民税の中間分と確定分の当期発生額を差し引いた**「税引後の所得金額」**が、別表五(一)の利益積立金額となります。

そのため別表五(一)では、当期中の利益積立金額の増減明細と翌期に繰り越す金額は、次の算式のとおり計算されます。

期首利益積立金額（A）
＋ 当期留保所得金額（B）
－ 中間分の法人税と住民税の当期発生額
－ 確定分の法人税と住民税の当期発生額
＝ 期末利益積立金額（C）

90頁の別表五(一)の「増③」の網が欠けている部分（未納法人税と未納住民税）

そして上記のうち、（B）の部分に別表四の「留保所得金額」の計算式を挿入すると、次の算式となります。これは別表五(一)の**記入フォームそのもの**です。

期首利益積立金額（A）＋
当期利益「留保」
＋ 法人税等以外の申告調整加算「留保」
－ 法人税等以外の申告調整減算「留保」
＋ 前期確定分の法人税と住民税の支払額
－ 法人税等の納付による納税充当金の取り崩し額
＋ 当期中間分の法人税と住民税の支払額
＋ 当期確定分の納税充当金への繰入額
－ 中間分の法人税と住民税の当期発生額
－ 確定分の法人税と住民税の当期発生額
＝期末利益積立金額（C）

上記（B）

◉事例で別表四と別表五(一)の関係を解明しよう

具体的な事例として、法人税等の動き、期首の貸借対照表、当期の損益計算書が次のとおりである場合に、別表四と別表五(一)の美しき連携プレーを検証してみましょう。

ここでは、法人税等のほかには税務調整がないものとします。

(1) 法人税等の納付および引き当て状況

	前期確定分	当期中間分	当期末確定分
法人税	50	60	40
住民税	10	20	8
事業税	10	15	12
計	70	95	60

法人税等につき、前期確定分は納税充当金の取り崩しにより納付し、当期中間分は損金経理により納付しています。前期末と当期末の確定要納付額は、実額により未払法人税等（納税充当金）に引き当てています。

(2) 期首の貸借対照表と当期の損益計算書

期首の B/S

資　産	負　債 未払法人税等 70 純資産 繰越利益剰余金 500

当期の P/L

収　益	1,000
費用および損失	△ 600
法人税等	△ 155
当期純利益	245

別表四の当期留保所得金額（B）は、次の算式により計算されます。

（B）375

＝当期利益「留保」(245)

＋法人税等以外の申告調整加算（0）

－法人税等以外の申告調整減算（0）

＋前期確定分の法人税と住民税の支払額（60）

－法人税等の納付による納税充当金の取り崩し額（70）

＋当期中間分の法人税と住民税の支払額（80）

＋当期確定分の納税充当金への繰入額（60）

別表五(一)の期末利益積立金額（C）は、次の算式により計算され、翌期に繰り越されていきます。

（C）757

＝期首利益積立金額（A）510・・・500＋70－50－10

＋当期留保所得金額（B）375

－中間分の法人税と住民税の当期発生額（80）

－確定分の法人税と住民税の当期発生額（48）

◉別表四を別表五(一)どおりに書けばよく分かる（総額記入）

期末利益積立金額（C）の計算式の（B）の部分に、別表四の留保所得金額の計算式を挿入すると次の算式になります。この計算式は別表五(一)の記入フォームそのものです。

（B）

期首利益積立金額（A）510＋

当期利益「留保」(245)

＋法人税等以外の申告調整加算「留保」(0)

－法人税等以外の申告調整減算「留保」(0)

＋前期確定分の法人税と住民税の支払額（60）

－法人税等の納付による納税充当金の取り崩し額（70）

＋当期中間分の法人税と住民税の支払額（80）
＋当期確定分の納税充当金への繰入額（60）
－中間分の法人税と住民税の当期発生額（80）
－確定分の法人税と住民税の当期発生額（48）
＝期末利益積立金額（C）757

▶別表四　所得金額の計算明細書　･･･「総額」による記入

区分		総額①	処分 留保②	処分 社外流出③
当期利益または当期欠損の額		245	245	配当 / その他
加算	法人税と住民税（前期確定分）	60	60	
加算	法人税と住民税（当期中間分）	80	80	
加算	納税充当金の繰入額（当期確定分）	60	60	
減算	納税充当金から支出した事業税等	70	70	
所得金額または欠損金額		375	375	

法人税と住民税の損金計上前の所得金額

同額となる部分（B）

▶別表五（一）　税務上の純資産の計算明細書

Ｉ 利益積立金額の計算に関する明細書				
区　分	期首①	減②	増③	期末④
繰越損益金	500	500	745	745
納税充当金	70	70	60	60
未納法人税	△ 50	△ 50 △ 60	中間 △ 60 確定 △ 40	△ 40
未納住民税	△ 10	△ 10 △ 20	中間 △ 20 確定 △ 8	△ 8
差引合計額	（A）510	430	677	（C）757

法人税と住民税の実額での未納額を控除後の利益積立金額

実際の別表五（一）の未納法人税等「減②」は１行で書きます

別表四と別表五(一)を計算式どおりに記入すれば、上記のとおり両者の記載内容は完全に一致します。

別表五(一)において、「(A) 510 + (B) 375 − 中間分の法人税と住民税の当期発生額 (80) − 確定分の法人税と住民税の当期発生額 (48) = (C) 757」の算式により、税務上の純資産が正しく繰り越されていくことが検証できます。

別表五(一)の記入フォームは、別表四の留保所得金額との関わりを成立させつつ、また、純資産を正しく計算するために理路整然と設計されているのです。

◉実務でよく見る「純額記入」でもバッチリ

上記のように、別表四を別表五(一)の記入フォームどおりに、総額で記載すれば、別表の相互の関係がよく分かります。

ただ、実務では、別表四については、法人税等のうち申告調整が必要なものについてのみ加減算する「純額」による記入も多く見られます。

別表四の「純額」による記入は次のとおりです。総額で記入しても純額で記入しても、課税所得はもちろん同額となります。

▶別表四　所得金額の計算明細書　…「純額」による記入

区分		総額 ①	処分 留保 ②	処分 社外流出 ③
当期利益または当期欠損の額		245	245	配当 その他
加算	法人税と住民税（当期中間分）	80	80	
	納税充当金の繰入額（当期確定分）	60	60	
減算	納税充当金から支出した事業税等	10	10	
所得金額または欠損金額		375	375	

◉損益計算書と別表四のつながり

この事例では、次のとおり、決算書と申告書はつながっています。

損益計算書において、中間分と確定分の法人税等の当期発生額（95 + 60）を費用計上しています。税務では、これらのうち事業税中間分（15）以外の金額（80 + 60）は損金に算入されないため、別表四において利益（245）に加算（80 + 60）されます。

また、納税充当金の取り崩しにより納付した前期分の事業税は当期の損金に算入されるため、利益から減算（10）されます。

会計のP/L

収　益	1,000
費用および損失	△ 600
法人税等	△ 155
当期純利益	245

税務のP/L（別表四）

当期利益	245
法人税と住民税（当期中間分）	＋ 80
法人税等（当期確定分）	＋ 60
事業税（前期確定分）	△ 10
所得金額	375

結果として、所得金額は、当期純利益に法人税と住民税の支払額（80）と未払法人税等引当額（60）を足し戻した税前の金額（385）から前期確定分の事業税の支払額（10）を差し引いた金額（375）となります。

◉貸借対照表と別表五（一）のつながり

税務では、貸借対照表の未払法人税等（納税充当金）を負債と認めず純資産に含める一方で、実額での未納法人税等を純資産から控除します。この事例では、実額により未払法人税等（納税充当金）を引き当てているため、会計の利益剰余金（745）と税務の利益積立金額（757）の差額は、未払事業税の金額（12）となります。

未納法人税（40）と未納住民税（8）は税務上の純資産からマイナスされますが、現金主義により損金算入される事業税については未払計上が認められないためです。

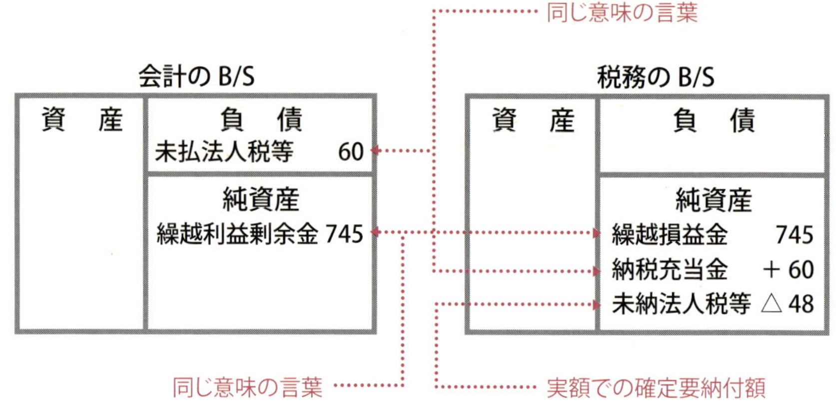

◉法人税等の経理処理の基本は３つだけ

別表四と別表五(一)の揺るぎない関係をつかんだところで、次は**法人税等**（法人税、住民税及び事業税）の納税や還付または要納付額の未払計上などについての別表記入のルールを見ていきましょう。

法人税等の基本的な経理処理は、①損金経理による納付、②納税充当金の取り崩しによる納付、③仮払経理による納付の３つです。

法人税等の動きは、この基本となる３つの経理処理に基づいて、主要３表である別表四、別表五(一)、別表五(二)に記載されます。これら主要３表は申告書別表のなかでも重要な明細書であり、法人税申告書を難しく感じさせる原因でもあります。

しかし、法人税申告書へどのように記載するかは、**「どのような経理処理をしたか」**、そして**「その科目の税務上の取扱い」**によります。税務上の取扱いとは、その科目が**「損金になるかどうか」**、あるいは**「純資産を構成するかどうか」**ということです。税務上の取扱いに従って、経理処理に対応した申告書の正当な場所に記載することになります。

それぞれの経理処理について、その科目が**「損金になるかどうか」**、あるいは**「純資産を構成するかどうか」**という税務の基本に立ち返れば、それほど難しくありませんので、肩の力を抜いて行きましょう！

2 前期確定分の法人税等の納付

「未納法人税等」と「未払法人税等」と「納税充当金」

◉具体例で「法人税等」の動きを追いかけよう

法人税等の会計処理と税務調整を時系列で整理してみましょう。

前期の法人税等の年税額は1,400（法人税800、住民税200、事業税400)、前期の中間申告において法人税500、住民税150、事業税300を納付しています。当期純利益は2,300、当期の法人税等の年税額は2,000（法人税1,200、住民税300、事業税500）であり、中間申告において法人税400、住民税100、事業税200を納付しています。

前期末において、未払法人税等（納税充当金）を引き当てているため、別表五(一)の期首①には、会計上の未払法人税等（納税充当金）と税務上の未納法人税等の繰越残高が計上されています（101頁図も参照)。

ただ、未払法人税等（納税充当金）は事業税の未払額も含んだ金額で、未納法人税等は法人税と住民税の未払額のみが計上されています。

（1）前期末引当仕訳

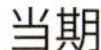

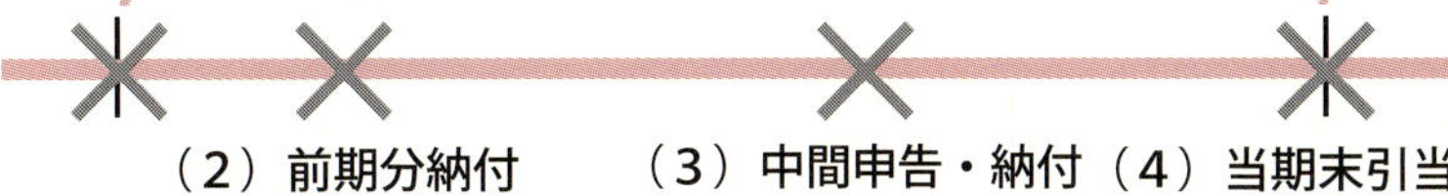

（2）前期分納付		（3）中間申告・納付		（4）当期末引当仕訳	
法人税	300	法人税	400	法人税	800
住民税	50	住民税	100	住民税	200
事業税	100	事業税	200	事業税	300
計	450	計	700	計	1,300

◉前期分の納付を別表五(一)へ記入する

前期確定分の法人税と住民税について、会計上は、未払法人税等（納税充当金）を取り崩して納付しますが、税務上は、未納法人税等（税務上の負債）を取り崩して納付したものと捉えます。

別表五(一)の「減②」において、納税充当金（450）の減少（税務上の**純資産の減少**）を記載するとともに、未納法人税（△300）の減少（税務上の**純資産のマイナス項目の減少**）と未納住民税（△50）の減少（税務上の**純資産のマイナス項目の減少**）を記載します。これらの記入の結果、差額として事業税の支払額（100）に相当する金額だけ純資産が減少します。

事業税（特別法人事業税を含む）は、税務上、申告書を提出する日（支払日）において損金算入されるという現金主義の立場をとっているため、未納税額の減少ではなく、納付時に損金経理したもの（税務上の純資産の減少）として処理します。

〈会計仕訳〉

未払法人税等（納税充当金）450 ／ 現預金　　450
（うち法人税　300）
（うち住民税　50）
（うち事業税　100）

〈税務仕訳〉

未納法人税　300 ／ 現預金　300
未納住民税　50 ／ 現預金　50
事業税　100 ／ 現預金　100

◉別表四の「純額」による記入

未払法人税等（納税充当金）を取り崩して納付した前期確定分の事業税（100）は税務での損金に算入されるため、「納税充当金から支出した事業税等の額」として別表四で減算「留保」します。

別表五(一)への記載〈納税充当金の減少（450）、未納法人税の減少（△300）、未納住民税の減少（△50）〉の純額での合計額（△100）は、別表四の「留保」欄で減算された事業税の損金算入額（△100）と同額であり、別表五(一)と別表四は一致します。

〈会計仕訳〉

未払法人税等（納税充当金）450 ／ 現預金　450

（うち法人税　300）

（うち住民税　50）

（うち事業税　100）

〈税務仕訳〉

未納法人税　300 ／ 現預金　300

未納住民税　50 ／ 現預金　50

事業税　100 ／ 現預金　100

▶別表五(一)　税務上の純資産の計算明細書

Ⅰ 利益積立金額の計算に関する明細書				
区　分	期首①	減②	増③	期末④
納税充当金	450	450		
未納法人税	△ 300	△ 300		
未納住民税	△ 50	△ 50		

▶別表四　所得金額の計算明細書　…「純額」による記入

区　分		総額	処分	
			留保	社外流出
		①	②	③
当期利益または当期欠損の額				配当
				その他
減算	納税充当金から支出した事業税等	100	100	
所得金額または欠損金額				

◉別表四の「総額」記入で別表五(一)と完全一致

先の別表四の「純額」による記入では、法人税等のうち申告調整が必要なものについてのみ、別表四で加減算を行ないます。この場合は、法人税等の発生と納付にかかる納税充当金と未納法人税等について、別表四と別

表五(一)の記載内容がストレートに一致しません。

次のように、別表五(一)の記入どおりに**「総額」**により、別表四の加算と減算に記載すれば、別表五(一)と別表四の「留保」欄は対応します。

▶別表五(一) 税務上の純資産の計算明細書

Ⅰ 利益積立金額の計算に関する明細書				
区 分	期首①	減②	増③	期末④
納税充当金	450	450		
未納法人税	△ 300	△ 300		
未納住民税	△ 50	△ 50		

別表五(一)と別表四の留保欄は完全に一致する

▶別表四 所得金額の計算明細書 …「総額」による記入

区 分		総額	処分	
			留保	社外流出
		①	②	③
当期利益または当期欠損の額				配当 その他
加算	損金経理をした法人税、地方法人税	300	300	
	損金経理をした住民税	50	50	
減算	納税充当金から支出した事業税等	450	450	
所得金額または欠損金額				

総額による記入では、納税充当金の取り崩しにより納付した前期確定分の法人税等をいったん減算「留保」(△ 450) して損金算入扱いします。それと同時に、法人税等のうち損金に算入されない法人税 (300) と住民税 (50) を加算「留保」して損金不算入とします。

総額記入により別表四で加減算される留保項目は別表五(一)と完全に一致します。別表四での加減算の結果、純額として減算されるのは、前期確定分の事業税の損金算入額 (△ 100) です。

3 損金経理による中間納付

法人税と住民税の損金経理による納付額は損金算入されない

◉中間納付額の別表五（一）への記入ルール

損金経理により納付した中間分の法人税等について、別表五（一）では、いったん未納法人税等を計上（増③）するとともに、その未納法人税等を取り崩して納付（減②）したものとして、**「総額」**で記入します。

中間分の法人税と住民税の**発生**として、別表五（一）の未納法人税等の「増③」に、未納法人税（△400）の計上と未納住民税（△100）の計上（税務上の純資産の減少、つまり負債の認識）を記載します。

中間分の法人税と住民税の**納付**として、未納法人税（△400）の減少と未納住民税（△100）の減少（税務上の負債からの支払い）を「減②」に記載します。

原則として、中間分の発生額と納付額は同額となります。

未納法人税等の「減②」は、前期確定分の納付による未納法人税等の減少と合わせて、未納法人税の減少は（△700）、未納住民税の減少は（△150）となります。

中間分は、未納法人税および未納住民税の発生と取り崩しを「増③」と「減②」の両方に同じ金額を両建てで記載したため、純資産の計算において増加と減少の金額は相殺されます。

◉別表四への「純額」による記入

別表四では、税務上、損金算入されない当期中間分の法人税（400）と住民税（100）の納付額を加算「留保」として記載します。

法人税等の納付は現金等が流出するため社外流出の性質をもっていますが、先に別表五（一）で中間分の法人税と住民税の発生について未納法人税

〈会計仕訳〉

法人税	400	現預金	700
住民税	100		
事業税	200		

〈税務仕訳〉

法人税	400	未納法人税	400
住民税	100	未納住民税	100
未納法人税	400	現預金	700
未納住民税	100		
事業税	200		

▶別表五(一)　税務上の純資産の計算明細書

Ⅰ 利益積立金額の計算に関する明細書				
区　分	期首①	減②	増③	期末④
納税充当金	450	450		
未納法人税	△ 300	△ 300	中間 △ 400	
		△ 400	確定	
未納住民税	△ 50	△ 50	中間 △100	
		△ 100	確定	

実際の別表五(一)の未納法人税等「減②」は1行で書きます

▶別表四　所得金額の計算明細書　・・・「純額」による記入

区　分		総額	処分	
			留保	社外流出
		①	②	③
当期利益または当期欠損の額				配当
				その他
加算	損金経理をした法人税、地方法人税	400	400	
	損金経理をした住民税	100	100	
減算	納税充当金から支出した事業税等	100	100	
所得金額または欠損金額				

等（税務上の負債）を計上（増③）しており、その未納法人税等の取り崩しによる納付という意味で別表四「留保」に記載します。

◉別表四への「総額」による記入

先の前期確定分の納付について、別表四を「総額」により記入する場合には、納税充当金の取り崩しにより納付した法人税等をいったん減算「留保」（△ 450）して損金算入扱いにするとともに、損金に算入されない法人税 700（前期確定分 300 と中間分 400）と住民税 150（前期確定分 50 と中間分 100）を加算「留保」して損金不算入とします。

こちらの記入方法では、別表四と別表五(一)は完全に一致します。

▶別表五 (一)　税務上の純資産の計算明細書

Ⅰ 利益積立金額の計算に関する明細書				
区　分	期首①	減②	増③	期末④
納税充当金	450	450		
未納法人税	△　300	△　700	中間 △ 400 確定	
未納住民税	△　50	△　150	中間 △ 100 確定	

別表五(一)と別表四の留保欄は完全に一致する

▶別表四　所得金額の計算明細書　・・・「総額」による記入

区　分		総額 ①	処分 留保 ②	処分 社外流出 ③
当期利益または当期欠損の額				配　当 その他
加算	損金経理をした法人税、地方法人税 損金経理をした住民税	700 150	700 150	
減算	納税充当金から支出した事業税等	450	450	
所得金額または欠損金額				

4 当期確定分の未払計上

会計では未払法人税等、税務では納税充当金を引き当てる

◉別表五(一)と別表四への記入

法人税等の確定要納付額について、会計上は損金経理により未払法人税等(納税充当金)を繰り入れますが、別表五(一)では未納法人税と未納住民税の増加であると記載します。税務において「現金主義」により損金算入される事業税については、未納税額を計上しません。

別表五(一)の「増③」に、納税充当金(1,300)の増加(税務上の**純資産の増加**)を記載するとともに、未納法人税(△800)の計上と未納住民税(△200)の計上(税務上の**純資産の減少**)を記載します。

未払法人税等(納税充当金)の引当額(1,300)は税務での損金に算入されないため、別表四で「損金経理をした納税充当金」として、加算「留保」します。

◉別表四の「純額」による記入

前期確定分の納付から当期確定分の未払計上まで別表四を「純額」で記入した場合には、別表五(一)での純資産の増減の差額としての結果が別表四の「留保」欄と一致します。

別表四の「留保」項目	純額での記入	総額での記入	差 額
法人税の損金不算入	400	700	300
住民税の損金不算入	100	150	50
納税充当金の損金不算入	1,300	1,300	0
納税充当金支出事業税等	△ 100	△ 450	△ 350
合 計	1,700	1,700	0

次のとおり、別表四を「純額」または「総額」のいずれで記入しても「留保」項目の加減算の結果はもちろん同額となります。

〈会計仕訳〉

法人税	800	未払法人税等（納税充当金）	1,300
住民税	200		
事業税	300		

〈税務仕訳〉

法人税	800	未納法人税	800
住民税	200	未納住民税	200

▶別表五（一）　税務上の純資産の計算明細書

Ⅰ 利益積立金額の計算に関する明細書				
区　分	期首①	減②	増③	期末④
納税充当金	450	450	1,300	1,300
未納法人税	△ 300	△ 300 △ 400	中間 △ 400 確定 △ 800	△ 800
未納住民税	△ 50	△ 50 △ 100	中間 △ 100 確定 △ 200	△ 200

！ 実際の別表五（一）の未納法人税等「減②」は１行で書きます

▶別表四　所得金額の計算明細書　･･･「純額」による記入

区　分		総額	処分	
			留保	社外流出
		①	②	③
当期利益または当期欠損の額				配当 その他
加算	損金経理をした法人税、地方法人税 損金経理をした住民税 損金経理をした納税充当金	400 100 1,300	400 100 1,300	
減算	納税充当金から支出した事業税等	100	100	
所得金額または欠損金額				

◉別表四の「総額」による記入

別表四を別表五(一)の記入どおりに「総額」で記入する場合は、別表五(一)と別表四「留保」の加減算項目は完全に一致します。

▶別表五(一)　税務上の純資産の計算明細書

Ⅰ 利益積立金額の計算に関する明細書				
区　分	期首①	減②	増③	期末④
納税充当金	450	450	1,300	1,300
未納法人税	△ 300	△ 700	中間 △ 400 確定 △ 800	△ 800
未納住民税	△ 50	△ 150	中間 △ 100 確定 △ 200	△ 200

▶別表四　所得金額の計算明細書　・・・「総額」による記入

区　分		総額 ①	処分 留保 ②	処分 社外流出 ③
当期利益または当期欠損の額				配当 その他
加算	損金経理をした法人税、地方法人税 損金経理をした住民税 損金経理をした納税充当金	700 150 1,300	700 150 1,300	
減算	納税充当金から支出した事業税等	450	450	
所得金額または欠損金額				

別表五(一)と別表四の留保欄は完全に一致する

◉決算書と別表五(一)のつながり

会計上の負債である「未払法人税等」を、税務では「納税充当金」と呼称し、税務上は、納税充当金を負債と認めず純資産に含めるため、別表五(一)でプラスにより記入されます。

会計での「繰越利益剰余金」を、税務では「繰越損益金」と呼称し、別表五(一)で期中の増減を「総額」にて記載します。前期末残高を「減②」でいったん取り消したうえで、「増③」に当期末残高を記載します。

そのため、「減②」(64,700) と「増③」(67,000) の差額は、当期における繰越利益剰余金の純増加額 (2,300) を意味します。

今回の決算では剰余金の配当の支払がなかったため、繰越損益金の増加額は当期純利益の金額（2,300）と一致しています。

「納税充当金」と「未払法人税等」

当期中間分の未納計上額
当期確定分の未納計上額
貸借対照表の未払法人税等

▶別表五(一)　税務上の純資産の計算明細書

Ⅰ 利益積立金額の計算に関する明細書							
区分		期首現在 利益積立金額	当期の増減			差引翌期首現在 利益積立金額
			減	増		
		①	②	③		④
利益準備金		200				200
繰越損益金（損は赤）		64,700	64,700		67,000	67,000
納税充当金		450	450		1,300	1,300
未納法人税等	未納法人税 （附帯税を除く）	△　300	△　700	中間	△400	△　800
				確定	△800	
	未納道府県民税（均等割額を含む）	△　50	△　150	中間	△100	△　200
				確定	△200	
	未納市町村民税 （均等割額を含む）	△	△	中間	△	△
				確定	△	
差引合計額		65,000	64,300		66,800	67,500

前期確定分の未納計上額
前期確定分（300）と当期中間分（400）の納税額
前期確定分（50）と当期中間分（100）の納税額
納税充当金（1,300）と未納法人税等（△1,000）の差は未払事業税（300）
事業税については未納計上しない

◉別表四の留保所得と別表五(一)の関係

別表四の当期利益「留保」と所得計算における申告調整のうち「留保」項目はすべて別表五(一)に転記されるため、別表四の留保所得と別表五(一)の利益積立金額は密接につながっています。別表四の留保所得金額が別表五(一)の利益積立金額を同額増加させるはずです。

別表四の「純額」による記入と別表五(一)のつながり

▶別表四　所得の金額の計算に関する明細書　…「純額」による記入

区分		総額 ①	処分 留保 ②	処分 社外流出 ③
当期利益または当期欠損の額		2,300	2,300	配当 / その他
加算	損金経理をした法人税、地方法人税	400	400	
	損金経理をした住民税	100	100	
	損金経理をした納税充当金	1,300	1,300	
	小計	1,800	1,800	0
減算	納税充当金から支出した事業税等	100	100	
	小計	100	100	0
所得金額または欠損金額		4,000	4,000	0

内の合計額 4,000（別表四の留保所得）

▶別表五(一)　税務上の純資産の計算明細書

Ⅰ 利益積立金額の計算に関する明細書

区分		期首現在利益積立金額 ①	当期の増減 減 ②	当期の増減 増 ③	差引翌期首現在利益積立金額 ④
利益準備金		200			200
繰越損益金（損は赤）		64,700	64,700	67,000	67,000
納税充当金		450	450	1,300	1,300
未納法人税等	未納法人税（附帯税を除く）	△ 300	△ 700	中間 △400 確定 △800	△ 800
	未納道府県民税（均等割額を含む）	△ 50	△ 150	中間 △100 確定 △200	△ 200
	未納市町村民税（均等割額を含む）	△	△	中間 △ 確定 △	△
差引合計額		65,000	64,300	66,800	67,500

前期確定分と当期中間分の合計

〈別表四と別表五(一)の検算〉

期首現在利益積立金額 (65,000) ＋ 当期の留保所得金額 (4,000)

－ 中間分と確定分の法人税と住民税の当期発生額 (1,500)

＝ 期末現在利益積立金額 (67,500)

別表四の「総額」による記入と別表五(一)のつながり

▶別表四　所得の金額の計算に関する明細書　・・・「総額」による記入

区分		総額	処分		
			留保	社外流出	
		①	②	③	
当期利益または当期欠損の額		2,300	2,300	配当	
				その他	
加算	損金経理をした法人税、地方法人税	700	700		
	損金経理をした住民税	150	150		
	損金経理をした納税充当金	1,300	1,300		
	小計	2,150	2,150	0	
減算	納税充当金から支出した事業税等	450	450		
	小計	450	450	0	
所得金額または欠損金額		4,000	4,000	0	

□内の合計額 4,000（別表四の留保所得）

▶別表五(一)　税務上の純資産の計算明細書

I　利益積立金額の計算に関する明細書

区分		期首現在利益積立金額	当期の増減			差引翌期首現在利益積立金額
			減	増		
		①	②	③		④
利益準備金		200				200
繰越損益金（損は赤）		64,700	64,700	67,000		67,000
納税充当金		450	450	1,300		1,300
未納法人税等	未納法人税（附帯税を除く）	△ 300	△ 700	中間	△ 400	△ 800
				確定	△ 800	
	未納道府県民税（均等割額を含む）	△ 50	△ 150	中間	△ 100	△ 200
				確定	△ 200	
	未納市町村民税（均等割額を含む）	△	△	中間	△	△
				確定	△	
差引合計額		65,000	64,300	66,800		67,500

前期確定分と当期意中間分の合計

〈別表四と別表五(一)の検算〉

期首現在利益積立金額 (65,000) ＋ 当期の留保所得金額 (4,000)

－ 中間分と確定分の法人税と住民税の当期発生額 (1,500)

＝ 期末現在利益積立金額 (67,500)

110 頁の図のとおり、別表五(一)の太枠で囲んだ部分の金額は、当期中の利益積立金額の純増加額（4,000）を表わしており、別表四の留保所得金額（4,000）と一致します。

111 頁の図のように、別表五(一)の記入どおりに、別表四の加算と減算を「総額」にて記載する方法によれば、別表五(一)と別表四の「留保」欄の対応が、より明確に、一対一で分かります。

◉別表四と別表五(一)の検算

税務上の「利益積立金額」とは、会社設立以後の課税済み所得のうち留保した金額の蓄積額です。そのため別表五(一)の利益積立金額は、各事業年度の所得のうち留保した金額から、その事業年度の納付すべき法人税および住民税の額を控除した金額となります。

次の算式のとおり、別表五(一)の期首利益積立金額と別表四の当期留保所得金額の合計額から、中間分と確定分の法人税および住民税の当期発生額を控除した金額が、翌期へ繰り越す利益積立金額となります。

図の事例では、「期首現在利益積立金額（65,000）＋当期留保所得金額（4,000）－中間分と確定分の法人税と住民税の当期発生額（1,500）＝期末現在利益積立金額（67,500）」の算式により検証できます。

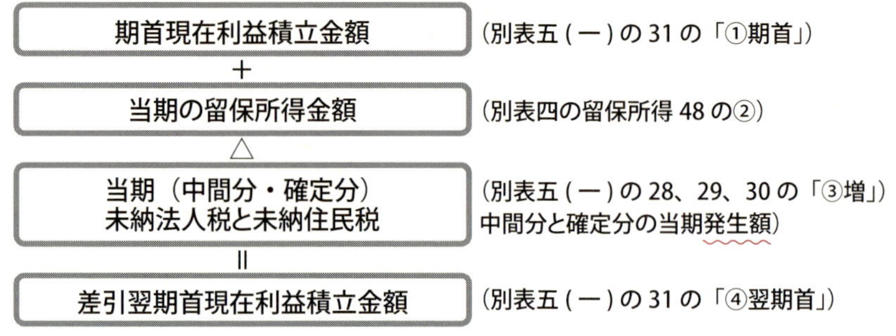

別表四の当期留保所得金額（4,000）から、法人税（1,200）と住民税（300）の発生額を差し引いた金額が、別表五(一)の税務上の利益積立金額を膨らませたうえで、翌期に繰り越されていくことが分かります。

◉別表五(二)への記載内容

別表五(二)は、租税公課と法人税等（法人税、住民税および事業税）について、税目および事業年度ごとの発生と納付状況を表わす明細書です。

納付充当金（未払法人税等）の取崩しによる納付

損金経理により納付した法人税等および租税公課

納付税額の会計処理方法に応じて記入

▶別表五(二)　租税公課の納付状況等に関する明細書

税目及び事業年度		期首現在未納税額	当期発生税額	当期中の納付税額 充当金取崩し	仮払経理による納付	損金経理による納付	期末現在未納税額 ①＋②－③－④－⑤
		①	②	③	④	⑤	⑥
法人税	前期分	300		300			
	当期分中間		400			400	
	当期分確定		800				800
	計	300	1,200	300		400	800
住民税	前期分	50		50			
	当期分中間		100			100	
	当期分確定		200				200
	計	50	300	50		100	200
事業税	前期分		100	100			
	当期分中間		200			200	
	計		300	100		200	

納税充当金の計算

期首納税充当金		450	取崩額	その他 損金算入のもの	
繰入額	損金経理をした納税充当金	1,300		その他 損金不算入のもの	
				その他	
	計	1,300		その他 仮払税金消却	
取崩	法人税額等	350		計	450
	事業税	100	期末納税充当金		1,300

貸借対照表の期末の「未払法人税等」と一致

▶別表五(一)の「利益積立金額」に含まれる

貸借対照表の期首の「未払法人税等」と一致

別表四での減算留保項目「納税充当金から支出した事業税等の金額」

別表四での加算留保項目「損金経理をした納税充当金」

別表五(二)は、「期首未納税額→当期発生額→当期納付額→期末未納税額」の順序で記載します、期末未納税額は純資産を減少させる項目として別表五(一)にマイナス表示される期末の未納法人税等と同額です。

法人税等の前期確定分は納税充当金（未払法人税等）を取り崩して支払ったので「③充当金取崩しによる納付」の欄に、当期中間分は損金経理により納付したので、「⑤損金経理による納付」の欄に記載します。

納税充当金（未払法人税等）の計算欄には、期首納税充当金（450）を取り崩して納付した法人税等の金額と決算整理仕訳で引き当てた納税充当金（損金経理をした納税充当金）の額（1,300）を記載します。

5 中間決算で未払法人税等を引き当てる場合

中間分を納税充当金の取り崩しにより納付するケース

◉中間納付額を未払法人税等に計上するケース

先の事例で、中間決算において、その会計期間（６か月）の法人税等を未払法人税等に計上し、納付時には未払法人税等（納税充当金）の取崩しによる納付を行なう場合の会計処理と別表記載を見ておきましょう。

この場合、中間納付額は損金経理による納付ではなく、「損金経理により未払法人税等（納税充当金）に引き当てた」うえで、中間決算の終了後に「未払法人税等（納税充当金）を取り崩して現金等で納付した」ということになります。

中間決算または四半期決算において、発生主義による未払法人税等を計上して貸借対照表を確定させる場合は、こちらの会計処理になります。

法人税等の発生と納付は、すべて未払法人税等を通して仕訳されますので、未払法人税等の元帳を見れば、当期中の法人税等の納付や未払計上の取引記録の確認ができるという実務上のメリットがあります。

◉「納税充当金」と「未納法人税等」の別表五(一)への記入

会計では、中間決算にかかる未払法人税等を貸借対照表に計上したうえで、納付時には未払法人税等を取り崩すという処理を行ないます。

別表五(一)では、いったん未納法人税等を計上するとともに、その未納法人税等を取り崩して納付したものと処理します。

別表五(一)の納税充当金「増③」に当期中間分の法人税等の未払計上額(700) を追加で記載し、「減②」に当期中間分の法人税等の納付額を「納税充当金の取崩しによる納付」(700) として追加で記載します。

納税充当金の「減②」は、中間分の法人税等の納付額（700）と前期確定分の法人税等の納付額（450）との合計額（1,150）となります。「増③」は、中間分の納税充当金の引当額（700）と当期確定分の納税充当金の引当額（1,300）との合計額（2,000）となります。

▶別表五(一)　税務上の純資産の計算明細書

Ⅰ 利益積立金額の計算に関する明細書				
区　分	期首①	減②	増③	期末④
利益準備金	200			200
繰越損益金	64,700	64,700	67,000	67,000
納税充当金	450	1,150	2,000	1,300
未納法人税	△　300	△　300 △　400	中間 △ 400 確定 △ 800	△　800
未納住民税	△　50	△　50 △　100	中間 △ 100 確定 △ 200	△　200
差引合計額	65,000	65,000	67,500	67,500

! 実際の別表五(一)の未納法人税等「減②」は1行で書きます

▶別表四　所得金額の計算明細書

区　分		（純額）留保 ②	（総額）留保 ②
当期利益または当期欠損の額		2,300	2,300
加算	損金経理をした法人税、地方法人税	0	700
	損金経理をした住民税	0	150
	損金経理をした納税充当金	2,000	2,000
減算	納税充当金から支出した事業税等	300	1,150
所得金額または欠損金額		4,000	4,000

中間分（700）と当期確定分（1,300）

このように納税充当金の欄については、中間分（700）の未払計上と納付による取崩しを両建てで記載するため、「減②」と「増③」の両方の金額が膨らみます。

未納法人税と未納住民税の欄については、先に見た損金経理による中間納付とまったく同じ記載となります。

◉別表五（二）への記載内容

今回の「中間決算で未払法人税等を引き当てる」という経理処理では、法人税等の前期確定分と当期中間分をともに、納税充当金（未払法人税等）の取り崩しにより支払ったので「③充当金取崩しによる納付」の欄に記載します。

中間分の法人税等は、損金経理により納付していないため、「⑤損金経理による納付」の欄への記入はありません。

別表五（一）と同様に、納税充当金の欄が中間納付の分だけ両建てで膨らみます。

前期確定分の法人税等（450）と中間分の法人税等（700）を、納税充当金（未払法人税等）の取崩しにより納付したので、取崩額は1,150となります。

また中間分の法人税等（700）と当期確定分の法人税等（1,300）を、損金経理により納税充当金（未払法人税等）に繰り入れたため、納税充当金の繰入額は2,000となります。

6 中間納付額が還付される場合

中間納付額は「未収還付法人税等」に計上する

◉中間納付額の還付額を未収計上する場合

法人税等の経理処理と税務調整の最後のパターンとして、中間納付額が還付されるケースを見ておきましょう。

先の事例で、当期純利益が△ 1,100 となったとします。この場合には、中間納付した法人税等の額が還付されます。

決算書において、還付される法人税等を費用計上のまま放置するのは適切でないため、「未収還付法人税等」として資産に振替計上します。

これに対して、法人税申告書では会計で計上した未収還付法人税等を「仮払税金」と呼称し、税務の資産と認識せず、別表五(一)で純資産からマイナスします。その一方で、申告により還付される法人税と住民税を「△」印を二重線で取り消す形で「≙未納法人税」(△未納法人税のマイナス、つまり未収法人税)と「≙未納住民税」(△未納住民税のマイナス、つまり未収住民税)に計上します。

会計での「未収還付法人税等」を税務では「仮払税金」と呼称し、「仮払税金」は資産とは認めず、別表五(一)においてマイナスします。

その一方で、確定申告での実額による還付税額である「≙未納法人税」と「≙未納住民税」は税務上の資産として、別表五(一)でプラス(△の取り消し)で表示することにより純資産に含めます。

なお未収税額について、未納法人税等の欄を使用しないで、「未収還付法人税」と「未収還付住民税」という科目で、別表五(一)において純資産のプラスとして表示してもかまいません。申告ソフトでは、一般的に、こちらにより処理されます。

事業税は、税務において支払日に損金算入扱いにするとともに、還付を受けた日に益金算入するため未収税額は税務上の資産となりません。

◉「未収還付税金」の計上と別表五(一)への記入

中間分の法人税等が還付される見込みである場合は、確定決算において「未収還付法人税等」に計上します。

会計での未収還付法人税等は、税務では「仮払税金」と呼称し、仮払税金は税務上の資産とは認めず純資産から控除されます。別表五(一)の「増③」において、税務上のマイナスの資産の増加という意味で、仮払税金(△700)の増加を、△付きで記載します。

「≙未納法人税」は△未納法人税のマイナス、「≙未納住民税」は△未納住民税のマイナス、つまり還付される税額という意味です。そのため、未納法人税等の欄で△を消して未納のマイナスとして表示します。具体的には、「増③」において、実額での還付法人税額を未納法人税の減少(≙400)(**純資産のマイナス項目の減少**)、実額での還付住民税額を未納住民税の減少(≙100)(**純資産のマイナス項目の減少**)として記載します。

◉別表四への記入

所得計算では未収還付法人税等(仮払税金)に計上した中間分の法人税等をいったん減算「留保」(△700)して損金算入扱いにするとともに、そのうち損金に算入されない法人税(400)と住民税(100)を別表四で加算「留保」して損金不算入とします。

なお、納税充当金の取崩しにより納付した前期確定分の事業税は損金算入されるため、減算「留保」(△100)とします。

〈会計仕訳〉

未収還付法人税等 (仮払税金)	700	法人税、住民税及び事業税	700

〈税務仕訳〉

未納法人税(未収還付法人税)	400	仮払税金	400
未納住民税(未収還付住民税)	100	仮払税金	100

▶別表五（一）　税務上の純資産の計算明細書

Ⅰ 利益積立金額の計算に関する明細書				
区　分	期首①	減②	増③	期末④
利益準備金	200			200
仮払税金			△ 700	△ 700
繰越損益金	64,700	64,700	63,600	63,600
納税充当金	450	450	0	0
未納法人税	△ 300	△ 300 △ 400	中間 △ 400 確定 △̶ 400	△̶ 400
未納住民税	△ 50	△ 50 △ 100	中間 △ 100 確定 △̶ 100	△̶ 100
差引合計額	65,000	64,300	62,900	63,600

□内の合計額　△ 1,400

実際の別表五（一）の未納法人税等「減②」は１行で書きます

▶別表四　所得金額の計算明細書

区　分		（純額）留保 ②	（総額）留保 ②
当期利益または当期欠損の額		△ 1,100	△ 1,100
加算	損金経理をした法人税、地方法人税	400	700
	損金経理をした住民税	100	150
減算	納税充当金から支出した事業税等	100	450
	仮払税金認定損	700	700
所得金額または欠損金額		△ 1,400	△ 1,400

◉未納法人税等のマイナスとして表示しない場合

還付される法人税と住民税について、未納法人税等の欄を使用しないで、「未収還付法人税」および「未収還付住民税」の科目で別表五(一)の

「増③」に記載する場合には、別表五(一)と別表四の「留保」欄がストレートに一致しません。この記載では、本来、別表四「留保」の計算に含めない当期確定分の未収還付法人税（400）と未収還付住民税（100）が別表五(一)の「増③」に含まれてしまいます。

そのため、別表五(一)の太枠で囲んだ枠内の金額（△900）から、当期確定分の未収還付法人税（400）と未収還付住民税（100）を差し引いた金額（△1,400）が別表四の留保所得（△1,400）となります。

すなわち、別表五(一)の□内と別表四「留保」には、未収還付法人税（400）と未収還付住民税（100）に相当する金額だけ差異が生じます。

▶別表五(一) 税務上の純資産の計算明細書

Ⅰ 利益積立金額の計算に関する明細書				
区　分	期首①	減②	増③	期末④
利益準備金	200			200
仮払税金			△ 700	△ 700
未収還付法人税			400	400
未収還付住民税			100	100
繰越損益金	64,700	64,700	63,600	63,600
納税充当金	450	450	0	0
未納法人税	△ 300	△ 700	中間 △ 400 確定	
未納住民税	△ 50	△ 150	中間 △ 100 確定	
差引合計額	65,000	64,300	62,900	63,600

□内の合計額	△ 900
未収還付法人税	△ 400
未収還付住民税	△ 100
別表四の留保所得	△ 1,400

7 法人税等の引当仕訳と別表四の作成

☞法人税等の動きと別表四を完全マスターしよう

◉決算確定と別表四の作成の流れ

法人税等の引当仕訳以外の税務調整が終了している場合には、下記の3ステップにて、決算書と申告書は作成されます。

ステップ1　課税所得と法人税等の要納付額を計算する

（課税所得の計算）

法人税等の引当仕訳前の損益計算書の当期純利益を別表四に記載し、課税所得と法人税、住民税、事業税の年税額を計算します。

「未払法人税等」引当前の損益計算書

売上高	150,000
⋮	⋮
税引前当期純利益	11,000
法人税、住民税及び事業税	1,500
当期純利益	9,500

別表四（所得金額の計算明細書）

当期利益	9,500
申告調整加算	＋ 1,200
申告調整減算	△ 700
課税所得	10,000

（法人税等の確定要納付額の計算）

上記の課税所得に基づき、**別表一(一)**で法人税額を計算し、住民税申告書と事業税申告書で法人住民税、事業税の要納付額を計算します。

ステップ2　未払法人税等の引当仕訳

法人税等の年税額から中間納付額を差し引いた確定要納付額を未払法人税等（納税充当金）に計上します。

法人税、住民税及び事業税　2,500 ／未払法人税等　2,500

ステップ3　決算の確定と別表四の完成

未払法人税等を貸借対照表の負債に計上するとともに、損益計算書にて未払法人税等引当後の当期純利益を計算します。

貸借対照表

（資産の部）	（負債の部）	
	未払法人税等	2,500
	⋮	⋮

損益計算書

売上高	150,000
⋮	⋮
税引前当期純利益	11,000
法人税、住民税及び事業税	4,000
当期純利益	7,000

未払法人税等引当後の当期純利益を記載して、別表四を完成します。

別表四（所得金額の計算明細書）

当期利益	7,000
損金経理をした納税充当金	2,500
申告調整加算	＋ 1,200
申告調整減算	△　700
課税所得	10,000

その他の税務調整のすべてが終了していれば、未払法人税等引当前の段階で、課税所得と法人税等の確定要納付額が計算できるという点がポイントです。

◉決算書と法人税申告書の作成

次頁のサンプル会社における法人税等の納付状況と「決算整理前の損益計算書」に基づき、別表四の作成と課税所得の計算の流れを確認しましょう。ここでは法人税等の税率を40%として計算します。

（1）前期確定分の納付（未払法人税等の取崩し）

① 法人税	2,300
② 住民税	500
③ 事業税（特別法人事業税を含む）	700

（2）当期中間分の法人税等（法人税、住民税及び事業税）の内訳

① 法人税	1,000
② 住民税	200
③ 事業税（特別法人事業税を含む）	300

◉ステップ1　課税所得と法人税等の要納付額を計算する

別表四の当期利益の欄に未払法人税等（納税充当金）を引き当てる前の当期純利益の金額（9,500）を記載します。

法人税等の中間納付額について損金経理していますが、法人税（1,000）と住民税（200）は損金に算入されないので、別表四で加算「留保」します。その一方で、前期確定分の事業税（700）は申告書を提出する当期において損金算入されるため減算「留保」します。

この段階では、法人税等の確定要納付額は計算できていませんので、「損金の額に算入した納税充当金」（未払法人税等の引当額）の欄は0（空欄）の「仮の別表四」にて課税所得（10,000）を計算します。

決算整理前の損益計算書と「仮の別表四」

損益計算書（未払法人税等引当前）

売上高		150,000
売上原価		100,000
売上総利益		50,000
販売費及び一般管理費		
給料手当	14,000	
役員報酬	10,000	
法定福利厚生費	7,000	
広告宣伝費	2,000	
接待交際費	3,000	
旅費交通費	2,000	
消耗品費	1,000	39,000
営業利益		11,000
営業外損益		0
経常利益		11,000
特別損益		0
税引前当期純利益		11,000
法人税、住民税及び事業税		1,500
当期純利益		9,500

（中間申告分）
法人税　1,000
住民税　200
事業税　300

▶別表四　所得の金額の計算に関する明細書

区分		総額 ①	処分 留保 ②	処分 社外流出 ③
当期利益または当期欠損の額		9,500	9,500	配当 0 その他 0
加算	損金経理をした法人税、地方法人税	1,000	1,000	
加算	損金経理をした住民税	200	200	
加算	損金経理をした納税充当金	0	0	
加算	小計	1,200	1,200	0
減算	納税充当金から支出した事業税等の額	700	700	
減算	小計	700	700	0
所得金額または欠損金額		10,000	10,000	0

合計 9,500

未払法人税等（納税充当金）を引き当てる前の別表四において計算された課税所得（10,000）に基づき、法人税等の年税額を計算し、それぞれの中間納付額を差し引いて確定要納付額を求めます。

（1）年税額　　4,000

（内訳・・・法人税 2,800、住民税 600、事業税 600）

（2）中間納付額　　1,500

（内訳・・・法人税 1,000、住民税 200、事業税 300）

（3）確定納付額　　（1）－（2）＝ 2,500

（内訳・・・法人税 1,800、住民税 400、事業税 300）

◉ステップ２　未払法人税等の引当仕訳

ステップ１において計算した法人税等の確定要納付額（2,500）について未払法人税等の引当仕訳を起票します。

法人税、住民税及び事業税　2,500／未払法人税等　2,500

◉ステップ３　決算の確定と別表四の完成

未払法人税等の引当仕訳により、法人税等（4,000 ＝中間納付額 1,500 ＋確定要納付額 2,500）と決算整理後の当期純利益（7,000 ＝法人税等引当前の当期純利益 9,500 －法人税等の確定要納付額 2,500）が計算され、決算は確定します。

貸借対照表には、法人税等の確定要納付額（2,500）が未払法人税等として負債の部に計上されます（次頁図参照）。

別表四は、未払法人税等引当後の当期純利益（7,000）よりスタートするとともに、損金不算入である未払法人税等の引当額（2,500）を「損金経理をした納税充当金」として加算することで課税所得が確定します。

別表四に記載される未払法人税等引当後の当期純利益（7,000）は、未払法人税等引当前の当期純利益（9,500）から、決算整理による未払法人税等の引当額（2,500）を差し引いた金額です。

決算整理前と決算整理後の貸借対照表

貸借対照表（未払法人税等引当前）

資産の部		負債の部	
（流動資産）	50,000	（流動負債）	30,000
現預金	5,000	買掛金	24,000
売掛金	30,000	短期借入金	6,000
商　品	15,000	（固定負債）	10,000
（固定資産）	50,000	長期借入金	10,000
建　物	20,000	負債合計	40,000
建物附属設備	5,000	純資産の部	
機械装置	10,000	（株主資本）	
車両運搬具	10,000	資本金	10,000
器具備品	5,000	利益剰余金	
		利益準備金	2,000
		繰越利益剰余金	48,000
		純資産合計	60,000
資産合計	100,000	負債及び純資産合計	100,000

（注）繰越利益剰余金（48,000）は、前期からの繰越利益剰余金（38,500）と期首から年次決算整理前までの当期純利益（9,500）の合計額

（決算整理仕訳）
法人税、住民税及び事業税　2,500／未払法人税等　2,500

貸借対照表（未払法人税等引当後）

資産の部		負債の部	
（流動資産）	50,000	（流動負債）	32,500
現預金	5,000	買掛金	24,000
売掛金	30,000	短期借入金	6,000
商　品	15,000	未払法人税等	2,500
（固定資産）	50,000	（固定負債）	10,000
建　物	20,000	長期借入金	10,000
建物附属設備	5,000	負債合計	42,500
機械装置	10,000	純資産の部	
車両運搬具	10,000	（株主資本）	
器具備品	5,000	資本金	10,000
		利益剰余金	
		利益準備金	2,000
		繰越利益剰余金	45,500
		純資産合計	57,500
資産合計	100,000	負債及び純資産合計	100,000

（注）繰越利益剰余金（45,500）は、前期からの繰越利益剰余金（38,500）と決算整理後の当期純利益（7,000）の合計額

未払法人税等引当前も未払法人税等引当後も、別表四の「当期利益」と「損金経理をした納税充当金」を合計した金額は、同額（9,500）となっています。

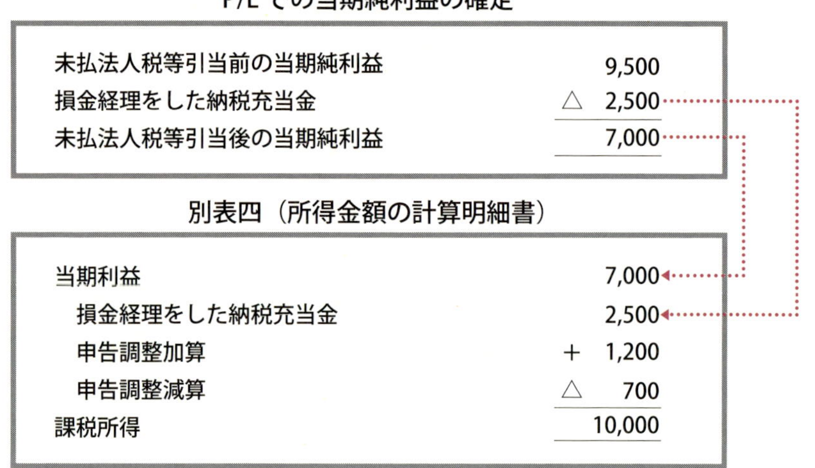

P/L での当期純利益の確定

未払法人税等引当前の当期純利益		9,500
損金経理をした納税充当金	△	2,500
未払法人税等引当後の当期純利益		7,000

別表四（所得金額の計算明細書）

当期利益		7,000
損金経理をした納税充当金		2,500
申告調整加算	＋	1,200
申告調整減算	△	700
課税所得		10,000

したがって、未払法人税等引当前の段階で、別表四の「当期利益」には未払法人税等引当前の当期純利益（9,500）を、「損金経理をした納税充当金」には0を記載することで、課税所得（10,000）は計算され、法人税等の要納付額も計算できるというわけです。

◉「税務上の純資産」と「会計上の純資産」

続いて、貸借対照表と別表五(一)の関係も見ておきましょう。

別表五(一)は、税務上の純資産である「利益積立金額」と「資本金等の額」の増減を表わす明細書です。また別表五(一)は、会計上の純資産と税務上の純資産の差異の記録明細としての役割も果たしています。

当期末の「税務上の純資産」の金額は、別表五(一)の期末利益積立金額（47,800）と期末資本金等の額（10,000）の合計（57,800）です。

貸借対照表の「純資産の部」の合計額である当期末の「会計上の純資産」（57,500）と、「税務上の純資産」の合計額（57,800）の差額は、会計

決算整理後の損益計算書と別表四

損益計算書（未払法人税等引当後）

売上高		150,000
売上原価		100,000
売上総利益		50,000
販売費及び一般管理費		
給料手当	14,000	
役員報酬	10,000	
法定福利厚生費	7,000	
広告宣伝費	2,000	
接待交際費	3,000	
旅費交通費	2,000	
消耗品費	1,000	39,000
営業利益		11,000
営業外損益		0
経常利益		11,000
特別損益		0
税引前当期純利益		11,000
法人税、住民税及び事業税		4,000
当期純利益		7,000

（中間申告分）
法人税　1,000
住民税　200
事業税　300
（未払法人税等の引当）
2,500

▶別表四　所得の金額の計算に関する明細書

区分		総額 ①	処分 留保 ②	処分 社外流出 ③
当期利益または当期欠損の額		7,000	7,000	配当 0 その他 0
加算	損金経理をした法人税、地方法人税	1,000	1,000	
加算	損金経理をした住民税	200	200	
加算	損金経理をした納税充当金	2,500	2,500	
加算	小計	3,700	3,700	0
減算	納税充当金から支出した事業税等の額	700	700	
減算	小計	700	700	0
所得金額または欠損金額		10,000	10,000	0

合計 9,500

貸借対照表と別表五(一)のつながり

貸借対照表

資産の部		負債の部	
(流動資産)	50,000	(流動負債)	32,500
現預金	5,000	買掛金	24,000
売掛金	30,000	短期借入金	6,000
商　品	15,000	未払法人税等	2,500
(固定資産)	50,000	(固定負債)	10,000
建　物	20,000	長期借入金	10,000
建物附属設備	5,000	負債合計	42,500
機械装置	10,000	純資産の部	
車両運搬具	10,000	(株主資本)	
器具備品	5,000	資本金	10,000
		利益剰余金	
		利益準備金	2,000
		繰越利益剰余金	45,500
		純資産合計	57,500
資産合計	100,000	負債及び純資産合計	100,000

▶別表五(一)　利益積立金額及び資本金等の額の計算に関する明細書

差額 7,000(当期純利益)

Ⅰ 利益積立金額の計算に関する明細書

区分		期首現在利益積立金額	当期の増減 減	当期の増減 増		差引翌期首現在利益積立金額
		①	②	③		④
利益準備金		2,000				2,000
繰越損益金(損は赤)		38,500	38,500		45,500	45,500
納税充当金		3,500	3,500		2,500	2,500
未納法人税等	未納法人税(附帯税を除く)	△　2,300	△　3,300	中間	△1,000	△　1,800
				確定	△1,800	
	未納道府県民税(均等割額を含む)	△　500	△　700	中間	△　200	△　400
				確定	△　400	
	未納市町村民税(均等割額を含む)	△	△	中間	△	△
				確定	△	
差引合計額		41,200	38,000		44,600	47,800

Ⅱ 資本金等の額の計算に関する明細書

区分	①	②	③	④
資本金又は出資金	10,000			10,000

税務上の純資産(利益積立金額＋資本金等の額)	57,800	
未払事業税(会計上の負債だが税務上は純資産)	△　300	(1,800＋400－2,500)
会計上の純資産(貸借対照表の純資産合計)	57,500	

上は負債であるが税務上は純資産に含まれる「未払事業税」(300) 相当額であることが分かります。

第３章のまとめ

別表四と別表五（一）の関係を完全にマスターするポイント

- 別表四の「留保所得金額」は別表五（一）の純資産に含まれる
- 別表四の所得金額は法人税と住民税を控除する前の金額である
- 税務上の利益積立金額とは「課税済み所得の蓄積額」である
- 別表五（一）では、「期首利益積立金額 ＋ 当期留保所得金額 － 中間分と確定分の法人税と住民税の当期発生額」により計算した金額が翌期に繰り越される利益積立金額である
- 法人税等は、それぞれ科目が、税務上の「損金になるかどうか」、税務上の「純資産を構成するかどうか」を考慮しながら、経理処理に応じて別表に記載する
- 法人税等の経理処理は、①損金経理による納付、②納税充当金の取り崩しによる納付、③仮払経理による納付、の３つである
- 会計上の未払法人税等を税務では「納税充当金」と呼称する
- 納税充当金は税務上の負債とは認められず純資産を構成する
- 税務では実額による法人税と住民税の未払額を「未納法人税等」と呼称し、税務上の負債として別表五（一）でマイナスする
- 別表五（一）では、法人税と住民税の発生は「未納法人税等」の増加、法人税と住民税の納付は「未納法人税等」の減少とする
- 税務では実額での還付税額を「△未納法人税等」にて記載する
- すべての税務調整が終了していれば未払法人税等引当前の段階で課税所得と法人税等の確定要納付額は計算できる

個別の別表と別表四、別表五(一)のつながり

1 「同族」と「非同族」の判定

別表二

法人税の世界では会社は２つに区分される

◉同族会社と非同族会社

この章では作成することの多い個別の別表について取りあげます。まず最初は、すべての会社で作成しなければならない別表二です。

法人税法では、会社について、その株主構成により、「同族会社」と「非同族会社」に区分したうえで、同族会社に対しては特別に厳しい規定を適用しています。

株式会社のなかには、世界的に有名な上場企業もあれば、個人事業者が法人成りしたばかりの零細企業もあります。上場企業では多くの株主から委任を受けた取締役が経営を行ない、零細企業では株主と経営者が同じ人というケースが大半です。

このように規模の大きさや運営実態が異なる会社を、法人税法という一つの法律で同じように規律して課税することには、少々無理があります。しかも、親族など少数の株主が会社を支配している同族会社では、不公正な税務会計処理がなされるおそれがあります。

そのため同族会社については、使用人であっても役員とみなす「みなし役員」の規定や、「行為または計算の否認」という規定があります。「行為または計算の否認」とは、同族会社の行為または計算で、これを認めると法人税の負担を不当に減少させる結果となるものにつき、税務署長がその行為等を否認できるという規定です。

また同族会社のうち、「特定同族会社」に対しては、通常の法人税のほかに「同族会社の留保金課税」を適用するという特別な制度も設けられています。

◉同族会社の定義

同族会社とは、上位３つ以下の「株主グループ」で、その会社の発行済株式総数または一定の議決権の過半数を所有している会社です。

同族会社でない会社は、「非同族会社」と呼んでいます。

株主グループには、株主の親族、その株主グループが50％超の出資をしている会社など（特殊関係者）も一つのグループに含まれます。

法人税における会社の種類

同族会社

特定同族会社

特定同族会社の留保金課税

「みなし役員」の規定、行為または計算の否認

非同族会社

◉特定同族会社の定義

同族会社のうち、**「特定同族会社」**（資本金１億円以下の中小法人を除く。ただし、資本金５億円以上の法人の完全支配関係にある中小法人は適用対象とされる）が会社に留保した一定金額以上の所得に対しては、通常の法人税に加えて、特別税率による課税**（留保金課税）**が行なわれます。

留保金課税の対象となる特定同族会社とは、上位１グループ（株主等の１人とその特殊関係者）の所有する株式数が、その会社の発行済株式総数の50％を超える同族会社（被支配会社）をいいます。

ただし法人が株主である場合は、１株主グループに発行済株式総数の50％超の株式を所有されている法人（被支配会社）に、発行済株式総数等の過半数を所有されている会社が「特定同族会社」となります。

そのため、被支配会社でない会社が100％出資する子会社などは、被支配会社には該当するものの、被支配会社に支配されている会社ではないの

で特定同族会社にはなりません。

「株主名簿」で同族・非同族を判定する

株主	役職	続柄	持株数
所　ひろし	代表取締役社長	ー	500 株
所　かおり	ー	所ひろしの妻	300
所　たけし	ー	所ひろしの長男	150
所　めぐみ	監 査 役	所ひろしの長女	50
南野　浩二	専務取締役	所ひろしの友人	300
安井　健二	常務取締役	所ひろしの友人	100
津島　敬三	経理部長	所ひろしの友人	80
木下　京子	ー		70
その他の少数株主			450
			2,000 株

（判定方法）
① 第１順位　所ひろしグループ　1,000 株
② 第２順位　南野浩二グループ　300
③ 第３順位　安井健二グループ　100
1,400 株

（判定結果）
上位３位の株主グループが 70%の株式数を所有するため、同族会社に該当する

「同族会社」の判定は株主グループで行ないますが、別表二では株主１人ごとの持株数または議決権所有数を記載します

このように別表二は法人税法が規定する会社の区分を判定するための明細書であり、所得および純資産の計算には影響を与えません。そのため、別表二は、別表四および別表五(一)とのつながりはありません。

2 交際費等の税務での取扱い

別表十五

交際費のうち一定額は損金に算入されない

◉交際費等の定義

企業会計では、交際費は収益を得るための必要な費用とされていますが、法人税の計算においては、一定の金額につき費用として認めない（損金不算入）規定があります。税務上の損金に算入されない交際費の額は別表四において加算「社外流出」されます。

交際費とは、交際費・接待費・機密費その他の費用で、得意先、仕入先、その他事業に関係のある者等に対する「接待・供応・慰安・贈答・慶弔」その他これらに類する行為のために支出するものをいいます。これらの言葉の意味は次のとおりです。

「接待」･･･ 人をもてなすこと

「供応（饗応）」･･･ 酒食を振る舞いもてなすこと

「慰安」･･･ 慰めて心を安ずること

「贈答」･･･ 贈ることと返しをすること

「慶弔」･･･ 吉事を祝うこと、凶事を弔うこと

これらの言葉の意味を見ると、個人的に嬉しく思う事柄、つまり「個人の消費欲」を充足する行為に関する費用が交際費であるといえます。

また、交際接待の相手先は広く、当社の商品を購入してくれる得意先だけではないことに注意が必要です。交際費の対象者は、「事業に関係のある者等」と書かれているとおり、直接の取引関係者以外にも、系列の間接取引先、会社の役員、従業員、株主なども含まれます。

そのため、一部の役員や従業員だけの飲み会費用の会社負担分なども、厳密には社内交際費となります。

◉交際費等の損金算入限度額

交際費の一部を損金不算入とする理由は、冗費（無駄遣い）を抑制して、会社の内部留保の蓄積を促進させることだといわれています。また本来は、接待交際により利益を受けた相手先に対して課税するのが筋でしょうが、その経済的な利益に課税できないケースが多いため、交際費を支出する側において損金算入を制限することで結果的に、代わりに課税（代替課税）することをねらいとしています。

交際費の損金算入限度額は会社の資本金の大きさによって決まります。

期末資本金が１億円を超える大法人の損金算入限度額は０円ですが、期末資本金が１億円以下の中小法人（〈注〉資本金５億円以上の法人の完全支配関係にある中小法人を除く）には、年800万円の損金算入枠があります。

得意先等との飲食費用のうち、１人当たり5,000円を超えるものは、その50％相当額を損金算入できます。この特例は、資本金の額等が100億円を超える法人には適用されません。

また中小法人は、年800万円までの損金算入枠の特例と飲食費用の50％損金算入の特例は、いずれか有利なほうを選択できます。

交際費の損金算入限度額

期末資本金	損金算入限度額
１億円以下の法人 （上記〈注〉を参照）	年800万円
１億円超の法人	０円

◉交際費課税から除かれる費用

得意先等との飲食費用のうち**「１人当たり5,000円以下」**で、次の一定の書類を**「保存」**している支出（社内交際費を除く）については、会社の規模を問わず、交際費課税からは除かれ、損金に算入されます。

①その飲食等のあった年月日

②その飲食等に参加した得意先、仕入先その他事業に関係のある者

等の氏名または名称およびその関係
③その飲食等に参加した者の数
④その費用の金額並びにその飲食店、料理店等の名称および所在地
⑤その他参考となるべき事項

◉別表十五の記載での留意点

交際費の損金不算入額及び損金算入に関する明細書として、別表十五を記載、提出する必要があります。このなかで、「得意先等との1人当たり5,000円以下の飲食費用」については、交際費の「支出額」と「交際費等の額から控除される費用の額」の両方に含めて記載します。

▶別表十五　交際費の損金算入に関する明細書

支出交際費等の額（8の計）	1	1,000,000	損金算入限度額 (2)又は(3)	4	1,000,000
支出接待飲食費損金算入基準額 ×（9の計）$\frac{50}{100}$	2	0			
中小法人等の定額控除限度額 (1)の金額又は800万円×$\frac{12}{12}$ 相当額のうち少ない金額	3	1,000,000	損金不算入額 (1)−(4)	5	0

支出交際費等の額の明細

科目	支出額	交際費等の額から控除される費用の額	差引交際費等の額	(8)のうち接待飲食費の額
	6	7	8	9
交際費	1,200,000	200,000	1,000,000	0
計	1,200,000	200,000	1,000,000	0

得意先等との「1人当たり5,000円以下の飲食費等」を含めて記載する

▶別表四　所得金額の計算明細書

区分		総額	処分	
			留保	社外流出
		①	②	③
当期利益または当期欠損の額				配当
				その他
加算	交際費等の損金不算入額			
所得金額または欠損金額		課税所得	留保所得	

3 減価償却を知っておこう（定額法） 別表十六（一）

定額法では耐用年数内で均等に償却する

◉定額法では耐用年数で均等に償却する

「定額法」とは、毎期、一定額を償却費として計上する償却方法です。

平成28（2016）年4月1日以後に取得した建物附属設備および構築物、平成10（1998）年4月1日以後に取得した建物と無形減価償却資産は、税務上、定額法により償却計算しなければなりません。

平成19（2007）年4月1日以後に取得した資産については、取得価額を耐用年数にわたり定額で償却していき、耐用年数経過時点に、1円を残存簿価として全額償却します。定額法の償却率は「1／耐用年数」であり、耐用年数で均等に割り算して費用化していくというイメージです。

◉税務上の償却限度額

たとえば、取得価額100万円、耐用年数5年（定額法での償却率0.200）の開発研究用建物を、毎期12か月事業供用した場合には、税務上の減価償却限度額は次のとおり計算されます。もしも税務での償却限度額を超えて償却費を損金経理した場合には、その償却超過額は損金に算入されないため、別表四で加算「留保」による申告調整が必要となります。

経過年数	期首簿価	減価償却費	期末簿価
1	1,000,000円	200,000円	800,000円
2	800,000	200,000	600,000
3	600,000	200,000	400,000
4	400,000	200,000	200,000
5	200,000	199,999	1

◉減価償却費の経理要件と償却限度超過額

税務において、減価償却資産につき償却費として損金の額に算入される金額は、償却費として**「損金経理」**した金額のうち、税務上の償却限度額に達するまでの金額です。

法人税法では、「減価償却費を損金の額に算入するには、確定した決算で償却費として損金経理」することを要求しているのです。

必ず、決算整理作業で適切な減価償却費の額を計算し、損益計算書において費用計上することを忘れないでください。

なお、決算書において、法人税法での償却限度額を超える金額を減価償却費として費用計上することは自由です。

たとえば、法人税法において耐用年数が８年と定められている機械装置について、設備投資計画では５年で買い換える予定であるため、会計的には５年で減価償却費を計上するケースなどです。この場合には、本来の耐用年数よりも短い年数で減価償却費を計算するため、損益計算書の減価償却費は税務上の償却限度額よりも過大に計上されます。

このように税法が定める償却限度額を超えて減価償却費を計上することを**「有税償却」**といいます。有税償却により税務上の償却限度額を超えて計上した減価償却費の額は、もちろん税務上の損金になりません。

償却限度額を超えて過大に計上された減価償却費相当額だけ損益計算書の当期純利益が少なくなるものの、法人税の申告調整により、減価償却超過額は当期純利益に加算されます。

結果的に、税務の所得金額は、法人税法での償却限度額まで減価償却費を計上した場合の儲け（利益）に戻されます。

◉「減価償却超過額」がある場合の別表

先の事例で、１年目の税務上の償却限度額 200,000 円を超えて、減価償却費 600,000 円を損金経理した場合を考えてみましょう。

減価償却費の償却超過額がある場合には、損益計算書の費用が過大に計上されることで当期純利益が過小になっており、会計での利益と税務での所得に食い違いが生じます。

それに加えて、資産の帳簿価額が減価償却超過額だけ過小に計上されることで純資産が過小になっており、会計上の純資産と税務上の純資産にも差異が生じます。このケースでは、償却限度額200,000円を超えて減価償却費を損金経理したことにより、会計上の建物の帳簿価額は400,000円となっていますが、税務上の建物のあるべき帳簿価額は800,000円です。

資産の差異は純資産についての差異でもあり、税務上の純資産（利益積立金額）は、償却超過額400,000円に相当する額だけ、会計上の純資産（利益剰余金）よりも大きいことになります。

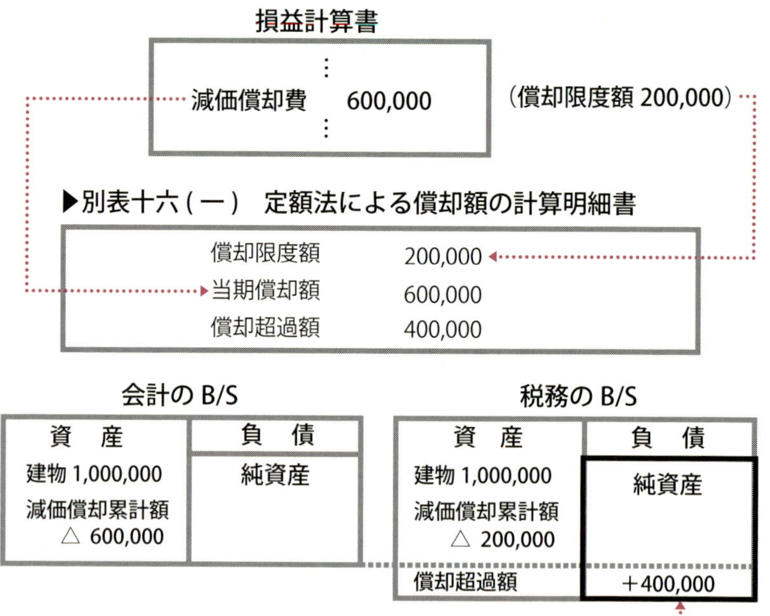

◉別表十六(一)と別表四、別表五(一)のつながり

償却限度額を超える減価償却費を損金経理した場合には、償却超過額を別表四にて加算「留保」による申告調整をするとともに、別表五(一)にて純資産の差異の記録も残しておく必要があります。

もしも翌期以降に資産を売却したり、減価償却不足額が生じた場合は、当期の償却超過額は認容（減算）されることで損金算入できます。「認容」とは、翌期以降に別表四で減算することが認められることをいいます。

▶別表十六(一)　定額法による償却額の計算明細書

償却限度額	200,000
当期償却額	600,000
償却超過額	400,000

▶別表四　所得金額の計算明細書

区分		総額	処分		
			留保	社外流出	
		①	②	③	
当期利益または当期欠損の額		×××	×××	配当	
				その他	
加算	減価償却の償却超過額	400,000	400,000		
所得金額または欠損金額		課税所得	留保所得		

▶別表五(一)　税務上の純資産の計算明細書

Ⅰ 利益積立金額の計算に関する明細書				
区分	期首現在利益積立金額	当期の増減		差引翌期首現在利益積立金額
		減	増	
	①	②	③	④
減価償却超過額			400,000	400,000

別表四の記載の結果、当期利益に償却超過額400,000円が加算されることで、税務の所得金額は、償却限度額まで減価償却費を費用計上した場合の利益に戻されます。

また別表五(一)により、税務の純資産は会計上の純資産よりも償却超過額400,000円だけ大きいことが報告されます。

4 減価償却を知っておこう（定率法） 別表十六（二）

定率法では毎期一定率で償却計算をする

◉「定率法」における償却率

「定率法」とは毎期、一定率にて償却費を計算する方法です。定率法は、期首帳簿価額に耐用年数に応じた償却率を掛けることにより減価償却費を計算します。平成19（2007）年４月１日以後に取得した資産については、「250％定率法」（同じ耐用年数の定額法での償却率（＝１／耐用年数）を2.5倍した数を償却率として減価償却費を計算する方法）により減価償却費を計算します。

たとえば、耐用年数５年の場合における定率法での償却率は0.500（＝１／５×2.5）です。平成24（2012）年４月１日以後に取得した資産は、同様の考え方での「200％定率法」により減価償却費を計算します。

◉定率法でも耐用年数内に全額償却する

定率法では、耐用年数で均等に償却する定額法と異なり、耐用年数を経過する時点で１円を超える簿価が残存してしまいます。

そこで耐用年数の途中で、償却計算方法を変更することにより、耐用年数内に全額償却できるように制度が設計されています。具体的には、耐用

定率法での償却限度額の計算方法

①定率法での年償却額 ≧ 償却保証額である事業年度

$$償却限度額＝期首帳簿価額 \times 償却率 \times \frac{事業供用月数}{12}$$

②定率法での年償却額 ＜ 償却保証額となる事業年度

$$償却限度額 ＝ \left(\begin{array}{c}均等償却に切り替える\\事業年度の期首簿価\end{array}\right) \times 改定償却率 \times \frac{事業供用月数}{12}$$

年数の途中で、定率法の年償却費が償却保証額（＝取得価額×保証率）に満たない事業年度が到来したら、定率法から均等償却（＝均等償却に移行する事業年度の期首簿価×改定償却率）に切り替えて、１円（残存簿価）まで償却計算を行ないます。

たとえば、取得価額100万円、耐用年数５年のデジタル複合機を、毎期12か月事業供用した場合における税務上の償却限度額は次のとおり計算されます。

◉ 250% 定率法（償却率 0.500、保証率 0.06249、改定償却率 1.000）

経過年数	期首簿価	減価償却費	期末簿価
1	1,000,000円	500,000円	500,000円
2	500,000	250,000	250,000
3	250,000	125,000	125,000
4	125,000	62,500	62,500
5	62,500	~~31,250~~ 62,499円	1

（注１）償却保証額（取得価額 × 保証率）
＝1,000,000円 ×0.06249＝62,490円 ……比較

（注２）均等償却額
＝均等償却に移行する事業年度の期首簿価 × 改定償却率
＝62,500円 ×1.000－１円（残存簿価）＝62,499円

◉ 200% 定率法（償却率 0.400、保証率 0.10800、改定償却率 0.500）

経過年数	期首簿価	減価償却費	期末簿価
1	1,000,000円	400,000円	600,000円
2	600,000	240,000	360,000
3	360,000	144,000	216,000
4	216,000	~~86,400~~ 108,000	108,000
5	108,000	107,999円	1

（注１）償却保証額（取得価額 × 保証率）
＝1,000,000円 ×0.10800＝108,000円 ……比較

（注２）均等償却額
＝均等償却に移行する事業年度の期首簿価 × 改定償却率
＝216,000円 ×0.5000＝108,000円

◉「減価償却超過額」がある場合の別表

先の 200% 定率法を適用しているデジタル複合機につき、１年目の税務上の償却限度額 400,000 円を超える減価償却費 600,000 円を損金経理した場合を考えてみましょう。

税務での償却限度額を超えて減価償却費を損金経理した場合には、会計上の利益は、償却超過額に相当する額だけ税務上の所得よりも過小に計上されます。会計上の純資産についても、償却超過額に相当する額だけ税務上の純資産より過小に計上されていることになります。

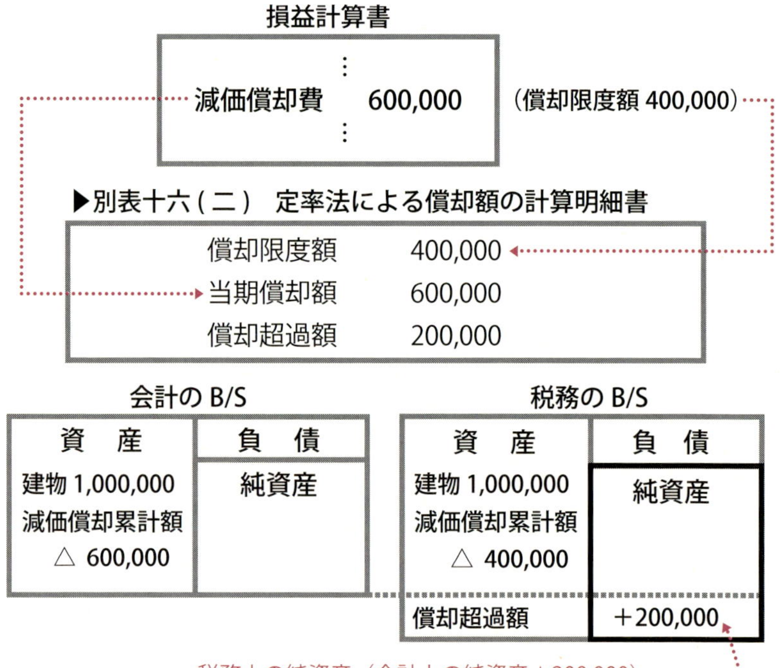

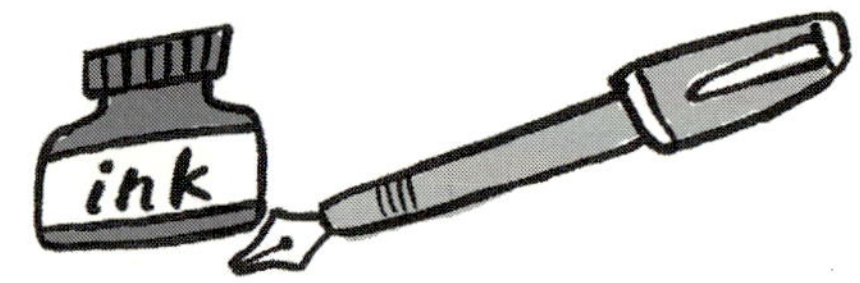

◉別表十六(二)と別表四、別表五(一)のつながり

定率法による償却計算の明細は、別表十六(二)にて報告します。

償却限度額を超える減価償却費を損金経理した場合には、償却超過額を別表四にて加算「留保」による申告調整をするとともに、別表五(一)にて純資産の差異の記録も残しておく必要があります。

別表四の記載の結果、当期利益に償却超過額200,000円が加算されることで、税務の所得は償却限度額まで減価償却費を費用計上した場合の利益に戻されます。

また別表五(一)により、税務の純資産は会計上の純資産よりも償却超過額200,000円だけ大きいことが報告されます。

▶別表十六(二)　定率法による償却額の計算明細書

償却限度額	400,000
当期償却額	600,000
償却超過額	200,000

▶別表四　所得金額の計算明細書

区分		総額	処分	
			留保	社外流出
		①	②	③
当期利益または当期欠損の額		×××	×××	配当
				その他
加算	減価償却の償却超過額	200,000	200,000	
所得金額または欠損金額		課税所得	留保所得	

▶別表五(一)　税務上の純資産の計算明細書

Ⅰ 利益積立金額の計算に関する明細書				
区分	期首現在利益積立金額	当期の増減		差引翌期首現在利益積立金額
		減	増	
	①	②	③	④
減価償却超過額			200,000	200,000

5 金銭債権と貸倒引当金

別表十一（一）、十一（一の二）

焦げ付きに備えるための貸倒引当金の繰入限度額

◉債権を２つに区分して貸倒を見積もる

法人税法では、金銭債権（受取手形、売掛金、貸付金など）について、将来発生することが予想される貸倒の損失見込額として、取立不能見込額を計算し、繰入限度額以下の金額を損金経理により**「貸倒引当金」**勘定に繰り入れた場合には、その損金算入が認められています。

具体的には、金銭債権を**「個別評価金銭債権」**と**「一括評価金銭債権」**に区分して、それぞれ繰入限度額を計算します。個別評価金銭債権については、さらに債務者ごとに繰入限度額を計算します。

①個別評価金銭債権 ･･･ 債務者ごとの繰入限度額

②一括評価金銭債権 ･･･ 期末一括評価金銭債権×実績率(or 法定繰入率)

ただし、貸倒引当金制度の適用対象法人は、銀行、保険会社、中小法人（〈注〉資本金５億円以上の法人の完全支配関係にある中小法人を除く）等に限定されています。

◉ちょっと危ない「個別評価金銭債権」への繰入

個別評価金銭債権とは、経営状態の悪化した相手先に対する債権であり、貸倒リスクが高いため、繰入限度額も大きくなっています。

①民事再生計画の決定等による長期棚上げ債権 ･･･ ５年を超えて弁済される金額

②債務超過状態の継続による回収不能債権 ･･･ 回収できない金額

③民事再生手続の申立て、手形交換所の取引停止等 ･･･ 金銭債権の50%

◉その他の「一括評価金銭債権」への繰入

一括評価金銭債権は、個別評価金銭債権以外の債権であり、過去３年間の貸倒実績率または法定繰入率による繰入が認められます。法定繰入率は、資本金１億円以下の適用除外事業者（50ページ）でない中小法人〈注〉のみ適用できます。法定繰入率による場合には、相殺できる状態（同じ得意先に対し、売掛金と同時に買掛金もある場合など）にある債務を債権から控除した後の「実質的な債権」に対して繰入額を計算します。

◉「繰入限度超過額」がある場合の別表

下記のとおり、税務上の繰入限度額を超える金額を損金経理した場合は、繰入限度超過額に相当する額だけ利益は過小に計上されます。会計上の純資産についても、繰入限度超過額（資産の控除項目の過大）に相当する額だけ税務上の純資産よりも過小に計上されています。

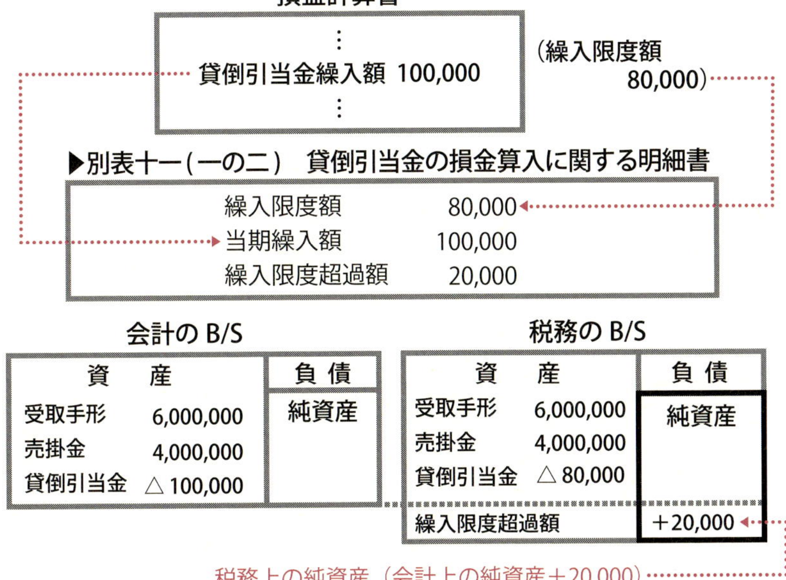

◉貸倒引当金の繰入限度超過額と別表四、別表五（一）

個別評価金銭債権に対する貸倒引当金の繰入額の計算明細は、別表十一

(一)にて、一括評価金銭債権に対する貸倒引当金の繰入額の計算明細は、別表十一(一の二)にて報告します。

繰入限度額を超える貸倒引当金繰入額を損金経理した場合には、繰入限度超過額を別表四にて加算「留保」による申告調整をするとともに、別表五(一)にて純資産の差異の記録も残しておく必要があります。

▶別表十一(一の二) 貸倒引当金の損金算入に関する明細書

繰入限度額	80,000
当期繰入額	100,000
繰入限度超過額	20,000

▶別表四 所得金額の計算明細書

区分		総額	処分	
			留保	社外流出
		①	②	③
当期利益または当期欠損の額		×××	×××	配当 その他
加算	貸倒引当金繰入限度超過額	20,000	20,000	
所得金額または欠損金額		課税所得	留保所得	

▶別表五(一) 税務上の純資産の計算明細書

Ⅰ 利益積立金額の計算に関する明細書				
区分	期首現在利益積立金額	当期の増減		差引翌期首現在利益積立金額
		減	増	
	①	②	③	④
貸倒引当金			20,000	20,000

別表四にて会計の利益に繰入限度超過額20,000円が加算され、税務の所得は繰入限度額まで貸倒引当金を繰り入れた場合の利益に戻されます。

また別表五(一)により、税務の純資産は会計上の純資産よりも繰入限度超過額20,000円だけ大きいことが報告されます。

6 受取配当金が課税されない特例 別表八(一)

受取配当等の益金不算入は節税になる調整項目

◉ 受取配当金が課税されない理由

法人が内国法人から受ける配当等の額は、会計上は「受取配当金」として営業外収益に計上されます。しかし、配当金とは、支払法人側では損金とされず法人税課税後の剰余金の処分により支払われるものです。支払側で課税済みである剰余金の配当について、受取側でも法人税等を課税すると二重課税になってしまいます。そこで法人税法では、別段の定めにより**「受取配当等の益金不算入制度」**が設けられています。

◉益金不算入額の計算

益金不算入額の計算では、配当等の元本である株式等の区分に応じて、次のとおり計算します。財テクに近く、出資割合が低い非支配目的株式等は、益金不算入割合が低い、つまり課税対象とされる配当等の割合が大きくなります。

（1）完全子法人株式等 ･･･ 配当等の全額が益金不算入

（注）完全子法人株式等 ･･･ 配当等の計算期間を通じて継続的に完全支配関係がある子会社株式をいう

（2）関連法人株式等 ･･･（配当等の額－負債利子の額）の全額

（注）関連法人株式等 ･･･ 配当等の基準日以前６か月以上引き続き、他の内国法人の発行済株式の総数または総額の３分の１超の株式または出資を有している場合の株式等をいう

（3）その他株式等 ･･･ 配当等の額× 50％

（注）その他株式等 ･･･ 配当等の基準日における持株比率が５％を超え、かつ、その計算期間内に持株比率が３分の１以下である

株式等で完全子法人株式等以外のもの（(１)、(２)、および（４）以外の株式等）をいう

（４）非支配目的株式等 ･･･ 配当等の額× 20％

（注）非支配目的株式等 ･･･ 配当等の基準日における持株比率が５％以下である株式等をいう

◉控除される負債利子の額

関連法人株式等に係る受取配当等の益金不算入額の計算においては、配当等の額から「配当等を得るためのコスト」とみなされる負債利子の額を控除しなければなりません。金融上の収益である受取配当金が益金に算入されず、金融上の費用である支払利息が損金に算入されたのではバランスを欠くためです。

配当等の額から控除すべき負債利子の額は、原則として「総資産按分法」により計算しますが、平成 27（2015）年４月１日に存在する会社に限り、基準年度（平成 27（2015）年４月１日から平成 29（2017）年３月31 日までの間に開始した各事業年度）の実績による簡便法（基準年度の実績割合）により計算することができます。控除負債利子の額は、法人の選択により、各事業年度ごとに原則法または簡便法のいずれか有利な方で計算できます。令和４（2022）年４月１日以後開始事業年度から、控除負債利子の額は「関連法人株式等にかかる配当等の額×４％（その事業年度に支払う負債利子額の 10％相当額を上限)」とされます。

◉益金不算入のための申告要件

受取配当等の益金不算入制度は、二重課税を排除するために設けられた税法上の恩典であるため、確定申告書、修正申告書または更正請求書に受取配当等の益金不算入額および計算に関する明細の記載がある場合に限り適用し、また、記載された金額を限度とします。調整しなければ、節税のチャンスを放棄する「任意的調整事項」です。

◉益金不算入額と別表四との関係

受取配当金は損益計算書において営業外収益に計上されていますが、税務上は、その全部または一部が益金不算入（非課税）となります。

そのため、別表八(一)で計算された「受取配当等の益金不算入額」は、別表四において減算による申告調整が必要です。

受取配当等の益金不算入は、当期だけで課税関係が終了する税務調整事項なので、「留保」には記載しません。とはいえ、受取配当金とは社外に現金等が流出する性質の調整項目ではないので、本来は「社外流出」の性質ももっていません。

そこで、本来の「社外流出」の項目と区別する意味合いで「※」印を付けて記載します。「※」を付ける項目は「課税外収入」と呼ばれており、受取配当金のように、収入を受け取っているが、課税されないものです。

別表四で減算され「社外流出」に記載されるものは、すべて「※社外流出」となります。

損益計算書

⋮	
営業外収益	
受取配当金	500,000
⋮	

▶別表八(一)　受取配当等の益金不算入に関する明細書

受取配当等の額（関連法人株式等）	500,000
負債利子の額	40,000
益金不算入額	460,000

▶別表四　所得金額の計算明細書

区分		総額	処分		
			留保	社外流出	
		①	②	③	
当期利益または当期欠損の額				配当	
				その他	
減算	受取配当等の益金不算入額	460,000		※	460,000
所得金額または欠損金額		課税所得	留保所得		

7 源泉徴収された所得税を取り戻す 別表六(一)

税額控除を受けるために損金不算入とする

◉受取利息と受取配当金から源泉徴収される税金

預貯金および公社債の利子、証券投資信託の収益の分配等については収入金額に対して15.315％（復興特別所得税を含む。以下同じ）の所得税が源泉徴収されます。上場株式等に係る利益の配当等については、収入金額に対して所得税15.315％、非上場株式に係る利益の配当等は、収入金額に対して所得税20.42％が源泉徴収されます。

区　分	所得税	復興特別所得税	合　計
預貯金および公社債等の利子	15%	0.315%	15.315%
上場株式等の配当等	15%	0.315%	15.315%
非上場株式等の配当等	20%	0.42%	20.42%

（注）2013年1月1日から2037年12月31日までの間に支払われる利子等について復興特別所得税（所得税 ×2.1%）が源泉徴収される。

このように法人が受け取る利息や配当に対して、所得税法の規定により源泉徴収される所得税、復興特別所得税は法人税等の前払いであり、確定申告において法人税等から控除（税額控除）または還付を受けることにより精算されます。

そのため、源泉徴収された所得税等は、法人税等（法人税、住民税及び事業税）で仕訳をしておきます。

◉源泉徴収された税金と「別表四」

税額控除を受ける所得税額については、法人税の課税所得の計算上は損金不算入の税金として取り扱います。

源泉所得税について税額控除を受けないで、その全額を損金算入することもできますが、税額控除または還付を受けたほうが有利なので、損金不算入としたうえで、確定申告において法人税額から控除します。

◉税額控除と別表六(一)と別表四

預貯金や公社債の利子、剰余金の配当などから源泉徴収された所得税につき、税額控除を受ける場合には、その明細を別表六(一)に記載して申告します。預貯金の利子、公社債の利子または合同運用信託の収益の分配に係る源泉所得税は、預入期間等に関わりなく、その全額を税額控除できますが、利益の配当または剰余金の分配にかかる源泉所得税は、その所有期間に対応する部分に限り、法人税額から控除できます。

税額控除を受ける源泉所得税は損金不算入の税金なので、別表四で加算調整します。税金が源泉徴収されることで現金等は流出していますので、源泉所得税は「社外流出」に記載します。

会計処理と別表記載例

①預金に受取利息 84,685 が振り込まれた

預　金	84,685	/	受取利息	100,000
法人税、住民税及び事業税	15,315	/		

（うち源泉所得税 15,000、復興特別所得税 315）

②非上場会社である子会社より配当金 397,900 が預金に振り込まれた

預　金	397,900	/	受取配当金	500,000
法人税、住民税及び事業税	102,100	/		

（うち源泉所得税 100,000、復興特別所得税 2,100）

損益計算書

⋮	
営業外収益	
受取利息	100,000
受取配当金	500,000
⋮	

▶別表六（一）　所得税額の控除に関する明細書

区　分	収入金額	①について課される所得税額	②のうち控除を受ける所得税額
	①	②	③
預貯金の利子	100,000	15,315	15,315
剰余金の配当	500,000	102,100	102,100
計	510,000	117,415	117,415

所有期間に応じて控除

復興特別所得税
2,415 含む

▶別表四　所得金額の計算明細書

区　分		総　額	処分	
			留　保	社外流出
		①	②	③
当期利益または当期欠損の額				配　当
				その他
加算	法人税額から控除される所得税額	117,415		117,415
所得金額または欠損金額				

（注）　税額控除を受けない源泉所得税は加算する必要はない（ただし不利）

第5章 法人税申告書の作成と決算書の確定の具体的事例

1　申告書作成の具体的事例

第４章で見てきた個別の計算事例による別表作成と以下の追加情報による法人税申告書の事例は次のとおりです。

1．会社の基本情報

会社名：ファイン株式会社

期末資本金：3,000 万円のプラスティック製品製造業を営む同族会社（別表二により判定）

剰余金の配当：前期決算にかかる確定配当 1,000,000 円を支払っています。
当期決算にかかる確定配当 1,000,000 円の支払について、
定時株主総会の決議に諮る予定です（ともに利益剰余金を原資）。

2．交際費等の内容確認と別表十五の作成 ➡ 194 頁参照

（1）交際費の内容

販売費及び一般管理費の交際費勘定（合計 1,200,000 円）の明細は次のとおりです。

①得意先の役員とのゴルフコンペ代金	100,000 円
②得意先の従業員に取引の謝礼として、支出した金品の額	200,000 円
③得意先の従業員への香典・弔電代	200,000 円
④中元・歳暮贈答代	500,000 円
⑤得意先との飲食費用で１人当たり 5,000 円以下のもの （必要な書類の保存をしています）	200,000 円

交際費等の額（①＋②＋③＋④）＝ 1,000,000 円

（2）損金不算入額の計算

損金算入限度額（１）の金額と年 800 万円とのいずれか少ない金額
・・・1,000,000 円

損金不算入額　０円

3．減価償却費の計算と別表十六(一)、十六(二)の作成 ➡ 195 頁、196 頁参照

（1）減価償却資産の明細

①建物（研究開発用）／定額法

取得価額 1,000,000 円、耐用年数 5 年、償却率 0.200、12 か月事業供用

②器具備品（デジタル複合機）／ 200% 定率法

取得価額 1,000,000 円、耐用年数 5 年、償却率 0.400、12 か月事業供用

（2）償却限度額

①建物

1,000,000 円 $\times$ 0.200 $\times \frac{12}{12} =$ 200,000 円

②器具備品

1,000,000 円 $\times$ 0.400 $\times \frac{12}{12} =$ 400,000 円

（3）会社の損金経理による償却費

①建物　　　600,000 円

②器具備品　600,000 円

（4）償却超過額

①建物　　　600,000 円－ 200,000 円＝ 400,000 円

②器具備品　600,000 円－ 400,000 円＝ 200,000 円

③計　　　　600,000 円（別表四加算「留保」）

4．貸倒引当金の繰入額の計算（一括評価金銭債権）と別表十一(一の二)の作成 ➡ 193 頁参照

一括評価金銭債権である受取手形 6,000,000 円、売掛金 4,000,000 円に対する貸倒引当金を、「法定繰入率」（製造業 8 /1,000）により繰り入れます。実質的に債権とみられないものの額はありません。

（1）繰入限度額の計算

10,000,000 × 8 /1,000 ＝ 80,000 円

（2）会社の損金経理による繰入額　100,000 円

（3）繰入限度超過額　20,000 円（別表四加算「留保」）

5．受取配当金の整理と別表八(一)の作成 ➡ 192 頁参照

当期中に支払いを受けた配当等の額につき、受取配当等の益金不算入額を計算します。配当等の額から控除する控除負債利子の額は「総資産按分法」により計算します。

(1) 配当等の額に関する事項

㈱ファイン運輸（関連法人株式等）より配当 500,000 円（源泉税込）を受け取りました。

(2) 配当等の額から控除される負債利子（総資産按分法により計算）

①当期の損益計算書に計上した支払利息　500,000 円

当期末と前期末の貸借対照表の帳簿価額

区　　分	前期末	当期末
総資産（貸倒引当金控除前）	120,000,000 円	130,000,000 円
総資産のうち (株) ファイン運輸の株式	10,000,000	10,000,000

②控除負債利子　$500{,}000 \times \dfrac{10{,}000{,}000 + 10{,}000{,}000}{120{,}000{,}000 + 130{,}000{,}000} = 40{,}000$ 円

③益金不算入額（①－②）

500,000 － 40,000 ＝ 460,000 円（別表四減算「社外流出」）

6．源泉徴収された所得税等の整理と別表の作成

当期中に受け取った利息および配当金は次のとおりです。

源泉徴収された所得税は「法人税、住民税及び事業税」にて仕訳しており、税額控除を受けます。

(1) 受取利息、受取配当金と源泉税額の明細

受取配当金（500,000 円）に係る源泉所得税　100,000 円
復興特別所得税　2,100 円
受取利息（100,000 円）に係る源泉所得税　15,000 円
復興特別所得税　315 円

(2) 損金不算入額の明細

受取利息に係る源泉所得税（復興特別所得税を含む）は税額控除を受けるために損金不算入扱いとします。

法人税額から控除される所得税額　117,415 円（別表四加算「社外流出」）

7．租税公課勘定の整理と別表五(二)の作成 ➡ 190 頁参照

当期中に租税公課勘定により損金経理した金額につき、必要な税務調整を行ないます。

（１）固定資産税　436,000 円

（２）従業員の業務中の交通違反に係る罰金　10,000 円

（３）印紙税　14,000 円

(損金不算入額の明細)

固定資産税、印紙税は損金に算入されるが、罰金は損金不算入です。

損金経理をした附帯税　10,000 円（別表四加算「社外流出」）

その他の損金算入される租税公課は別表五(二)に明細を記載します。

8．法人税等（法人税、住民税及び事業税）の整理と別表五(二)の作成 ➡ 190 頁参照

前期と当期の法人税等（法人税、住民税及び事業税）を次のとおり納付しています。

前期末に引き当てた未払法人税等（納税充当金）の額 12,000,000 円は、法人税、住民税及び事業税の納付に際して全額を取り崩しています。必要な税務調整と別表を作成します。

（１）前期確定分　･･･ 納税充当金（12,000,000 円）取り崩しによる納付

①法人税　8,000,000 円

②法人住民税（都民税）　1,500,000 円

③事業税　2,500,000 円

（２）当期中間分　･･･ 損金経理による納付（8,628,000 円）

①法人税　5,692,700 円

②法人住民税（都民税）　641,100 円

（法人税割 541,100 円、均等割 100,000 円）

③事業税　2,294,200 円

（３）税務調整の明細

①納税充当金の取崩しにより納付した前期確定分の事業税は、申告書を提出した当期に損金算入されるため、申告調整で減算します。

納税充当金から支出した事業税等　2,500,000 円（別表四減算「留保」）

②中間納付額のうち法人税と住民税は損金不算入であるため申告調整により加算します。

損金の額に算入した法人税・地方法人税　5,692,700円（別表四加算「留保」）
損金の額に算入した住民税　641,100円（別表四加算「留保」）

9．法人税と地方法人税を計算する ➡ 185頁参照

（1）法人税（中小法人であるため、年800万円までは15%、年800万円を超える部分は23.2%）

①年税額	8,000,000 × 15% =	1,200,000
	42,000,000 × 23.2% =	9,744,000
		10,944,000
②所得税額の控除		△117,415
③中間納付額		△5,165,500
④確定要納付額		5,661,000（100円未満の端数切り捨て）

（2）地方法人税

①年税額	10,944,000 × 10.3% =	1,127,200（100円未満の端数切り捨て）
②中間納付額		△527,200
③確定要納付額		600,000

10．住民税と事業税を計算する

（1）住民税（東京都の税率）

①法人税割（法人税額×住民税率）	10,944,000 × 10.4% =	1,138,176
法人税割額（100円未満の端数切り捨て）		1,138,100
中間納付額		△541,100
法人税割の確定納付額		597,000
②均等割（資本金等の額及び従業員数により課税される）		200,000
中間納付額		△100,000
均等割の確定納付額		100,000
③確定納付額（①＋②）		697,000

（2）事業税と特別法人事業税（東京都の税率）

①事業税（中小法人のため所得割のみ）

年間所得400万円までの部分	4,000,000 × 3.75% =	150,000

年間所得400万円超800万円までの部分	4,000,000 × 5.665％＝	226,600
年間所得800万円超の部分	42,000,000 × 7.48％＝	3,141,600
計	50,000,000	3,518,200
中間納付額		△1,676,200
差引納付額（100円未満の端数切り捨て）		1,842,000

②特別法人事業税（標準税率による事業税所得割に対して37％）

年間所得400万円までの部分	4,000,000 × 3.5％＝	140,000
年間所得400万円超800万円までの部分	4,000,000 × 5.3％＝	212,000
年間所得800万円超の部分	42,000,000 × 7％＝	2,940,000
計	50,000,000	3,292,000
	3,292,000 × 37％＝	1,218,000
中間納付額		△ 618,000
差引納付額（100円未満の端数切り捨て）		600,000

③確定納付額（①＋②） 2,442,000

１１．未払法人税等の引当仕訳

課税所得50,000,000円に対する法人税、地方法人税、法人住民税（都民税）および事業税（特別法人事業税を含む）の確定納付額について、未払法人税等9,400,000円を引き当てます。

法人税、住民税及び事業税　9,400,000 ／未払法人税等　9,400,000

税　　目	年税額	中間納付額	源泉税	確定納付額
法人税	10,944,000	5,165,500	117,415	5,661,000
地方法人税	1,127,200	527,200	－	600,000
法人住民税	1,338,100	641,100	－	697,000
事業税（特別法人事業税を含む）	4,736,200	2,294,200	－	2,442,000
合　計	18,145,500	8,628,000	117,415	9,400,000

未払法人税等引当後の確定した決算書

貸借対照表

流動資産	60,900,000	流動負債	23,499,000
現金預金	26,000,000	買掛金	6,900,000
受取手形	6,000,000	未払費用	219,000
売掛金	4,000,000	未払消費税等	2,500,000
棚卸資産	25,000,000	未払法人税等	9,400,000
貸倒引当金	△ 100,000	短期借入金	4,480,000
固定資産	69,000,000	固定負債	10,000,000
有形固定資産	51,000,000	長期借入金	10,000,000
建物	400,000	負債合計	33,499,000
器具及び備品	400,000	株主資本	96,401,000
土地	50,200,000	資本金	30,000,000
無形固定資産	3,000,000	利益剰余金	66,401,000
投資その他の資産	15,000,000	利益準備金	2,100,000
投資有価証券	5,000,000	繰越利益剰余金	64,301,000
関係会社株式	10,000,000	純資産合計	96,401,000
資産合計	129,900,000	負債及び純資産合計	129,900,000

損益計算書

売上高	300,000,000
売上原価	146,520,500
売上総利益	153,479,500
販売費及び一般管理費	98,955,300
営業利益	54,524,200
営業外収益	
受取利息	100,000
受取配当金	500,000
営業外費用	
支払利息	500,000
経常利益	54,624,200
特別利益	0
特別損失	0
税引前当期純利益	54,624,200
法人税、住民税及び事業税	18,145,415
当期純利益	36,478,785

販売費及び一般管理費の明細

給料手当	30,000,000
役員報酬	25,000,000
法定福利費	15,000,000
福利厚生費	12,000,000
販売促進費	4,000,000
通信費	3,600,000
租税公課	460,000
交際費	1,200,000
消耗品費	4,460,000
減価償却費	1,200,000
貸倒引当金繰入額	100,000
その他	1,935,300
計	98,955,300

株主資本等変動計算書

	株主資本					純資産合計
	資本金	利益剰余金			株主資本合計	
		利益準備金	その他利益剰余金	利益剰余金合計		
			繰越利益剰余金			
当期首残高	30,000,000	2,000,000	28,922,215	30,922,215	60,922,215	60,922,215
当期変動額						
剰余金の配当		100,000	△1,100,000	△1,000,000	△1,000,000	△1,000,000
当期純利益			36,478,785	36,478,785	36,478,785	36,478,785
合計		100,000	35,378,785	35,478,785	35,478,785	35,478,785
当期末残高	30,000,000	2,100,000	64,301,000	66,401,000	96,401,000	96,401,000

（注１）有形固定資産の減価償却累計額　　1,200,000円

（注２）繰越利益剰余金（64,301,000円）の明細

前期からの繰越利益剰余金		28,922,215円
剰余金の配当	△	1,000,000
上記に伴う利益準備金の積立額	△	100,000
決算整理後の当期純利益		36,478,785
当期末の繰越利益剰余金		64,301,000円

（注３）配当に係る注記

①当事業年度中に行なった剰余金の配当に関する事項

令和２年５月29日の定時株主総会において、次のとおり決議した。

配当金の総額　　1,000,000円、配当の原資　利益剰余金

基準日　令和２年３月31日、効力発生日　令和２年５月30日

②当事業年度の末日後に行なう剰余金の配当に関する事項

令和３年５月20日の定時株主総会において、次のとおり付議している。

配当金の総額　　1,000,000円、配当の原資　利益剰余金

基準日　令和３年３月31日、効力発生日　令和３年５月21日

2 主要な申告書別表どうしのつながり

1．別表四と別表五(一)のつながり

▶別表四　所得の金額の計算に関する明細書

区　分	総額	処分	
		留保	社外流出
	①	②	③
当期利益または当期欠損の額	36,478,785	35,478,785	配　当 1,000,000 その他
仮　計	49,882,585	49,332,585	外※△ 460,000 1,010,000
法人税額から控除される所得税額	117,415		117,415
所得金額または欠損金額	50,000,000	49,332,585	外※△ 460,000 1,127,415

□内の合計額 49,332,585（別表四の留保所得）

▶別表五(一)　利益積立金額及び資本金等の額の計算に関する明細書

Ⅰ 利益積立金額の計算に関する明細書

区　分		期首現在利益積立金額	当期の増減			差引翌期首現在利益積立金額
			減	増		
		①	②	③		④
利益準備金		2,000,000			100,000	2,100,000
減価償却超過額					600,000	600,000
貸倒引当金					20,000	20,000
繰越損益金（損は赤）		28,922,215	28,922,215		64,301,000	64,301,000
納税充当金		12,000,000	12,000,000		9,400,000	9,400,000
未納法人税等	未納法人税、地方法人税(附帯税を除く)	△ 8,000,000	△ 13,692,700	中間	△ 5,692,700	△ 6,261,000
				確定	△ 6,261,000	
	未納道府県民税(均等割額を含む)	△ 1,500,000	△ 2,141,100	中間	△ 641,100	△ 697,000
				確定	△ 697,000	
	未納市町村民税(均等割額を含む)	△	△	中間	△	△
				確定	△	
差引合計額		33,422,215	25,088,415		61,129,200	69,463,000

Ⅱ 資本金等の額の計算に関する明細書

区　分	①	②	③	④
資本金又は出資金	30,000,000			30,000,000

〈別表四と別表五(一)の検算〉

期首現在利益積立金額（33,422,215）＋ 当期の留保所得金額（49,332,585）

－ 中間分と確定分の法人税と住民税の当期発生額（13,291,800）

＝ 期末現在利益積立金額（69,463,000）

2. 別表五(二)と別表五(一)のつながり

▶別表五(二)　租税公課の納付状況等に関する明細書

税目及び事業年度		期首現在未納税額	当期発生税額	当期中の納付税額 充当金取崩しによる納付	仮払経理	損金経理による納付	期末現在未納税額 ①+②−③−④−⑤
		①	②	③	④	⑤	⑥
法人税	前期分	8,000,000		8,000,000			
	当期分中間		5,692,700			5,692,700	0
	当期分確定		6,261,000				6,261,000
	計	8,000,000	11,953,700	8,000,000		5,692,700	6,261,000
道府県民税	前期分	1,500,000		1,500,000			
	当期分中間		641,100			641,100	0
	当期分確定		697,000				697,000
	計	1,500,000	1,338,100	1,500,000		641,100	697,000
事業税	前期分		2,500,000	2,500,000			
	当期分中間		2,294,200			2,294,200	0
	計		4,794,200	2,500,000		2,294,200	0

納税充当金の計算

期首納税充当金		12,000,000	取崩額	その他	損金算入のもの	
繰入額	損金経理をした納税充当金	9,400,000			損金不算入のもの	
	計	9,400,000			仮払税金消却	
取崩	法人税額等	9,500,000		計		12,000,000
	事業税	2,500,000	期末納税充当金			9,400,000

別表五(一)の「利益積立金額」に含まれる

▶別表五(一)　利益積立金額及び資本金等の額の計算に関する明細書

Ⅰ 利益積立金額の計算に関する明細書

区分		期首現在利益積立金額	当期の増減 減	増		差引翌期首現在利益積立金額
		①	②	③		④
利益準備金		2,000,000			100,000	2,100,000
繰越損益金(損は赤)		28,922,215	28,922,215		64,301,000	64,301,000
納税充当金		12,000,000	12,000,000		9,400,000	9,400,000
未納法人税等	未納法人税、地方法人税(附帯税を除く)	△ 8,000,000	△ 13,692,700	中間	△ 5,692,700	△ 6,261,000
				確定	△ 6,261,000	
	未納道府県民税(均等割額を含む)	△ 1,500,000	△ 2,141,100	中間	△ 641,100	△ 697,000
				確定	△ 697,000	
	未納市町村民税(均等割額を含む)	△	△	中間	△	△
				確定	△	

3．別表五(二)と別表四のつながり

▶別表五(二)　租税公課の納付状況等に関する明細書

税目及び事業年度		期首現在未納税額	当期発生税額	当期中の納付税額 充当金取崩しによる納付	仮払経理	損金経理による納付	期末現在未納税額 ①＋②－③－④－⑤
		①	②	③	④	⑤	⑥
法人税	前期分	8,000,000		8,000,000			
	当期分中間		5,692,700			5,692,700	0
	当期分確定		6,261,000				6,261,000
	計	8,000,000	11,953,700	8,000,000		5,692,700	6,261,000
道府県民税	前期分	1,500,000		1,500,000			
	当期分中間		641,100			641,100	0
	当期分確定		697,000				697,000
	計	1,500,000	1,338,100	1,500,000		641,100	697,000
事業税	前期分		2,500,000	2,500,000			
	当期分中間		2,294,200			2,294,200	0
	計		4,794,200	2,500,000		2,294,200	0

納税充当金の計算

期首納税充当金		12,000,000	取崩額	その他	損金算入のもの	
繰入額	損金経理をした納税充当金	9,400,000			損金不算入のもの	
	計	9,400,000			仮払税金消却	
取崩	法人税額等	9,500,000		計		12,000,000
	事業税	2,500,000	期末納税充当金			9,400,000

▶別表四　所得の金額の計算に関する明細書

区　分		総額	処分 留保	社外流出
		①	②	③
当期利益または当期欠損の額		36,478,785	35,478,785	配当 1,000,000
				その他
加算	損金経理をした法人税、地方法人税	5,692,700	5,692,700	
	損金経理をした住民税	641,100	641,100	
	損金経理をした納税充当金	9,400,000	9,400,000	
減	納税充当金から支出した事業税等の額	2,500,000	2,500,000	
所得金額または欠損金額		50,000,000	49,332,585	外※ △460,000 1,127,415

3 主要な申告書別表と決算書のつながり

1．別表四と損益計算書のつながり

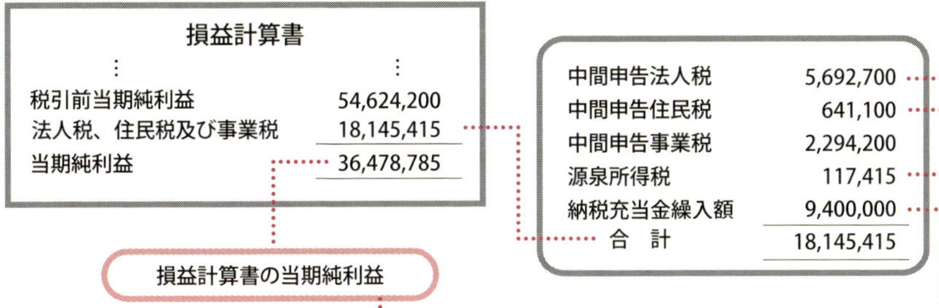

損益計算書
税引前当期純利益 54,624,200
法人税、住民税及び事業税 18,145,415
当期純利益 36,478,785
中間申告法人税 5,692,700
中間申告住民税 641,100
中間申告事業税 2,294,200
源泉所得税 117,415
納税充当金繰入額 9,400,000
合　計 18,145,415
損益計算書の当期純利益

▶別表四　所得の金額の計算に関する明細書

区　分		総額 ①	処分 留保 ②	処分 社外流出 ③
当期利益または当期欠損の額		36,478,785	35,478,785	配当 1,000,000 その他
加算	損金経理をした法人税、地方法人税	5,692,700	5,692,700	
	損金経理をした住民税	641,100	641,100	
	損金経理をした納税充当金	9,400,000	9,400,000	
	損金経理をした附帯税等	10,000		10,000
	減価償却の償却超過額	600,000	600,000	
	貸倒引当金繰入超過額	20,000	20,000	
	小　計	16,363,800	16,353,800	10,000
減算	納税充当金から支出した事業税等	2,500,000	2,500,000	
	受取配当等の益金不算入額	460,000		※ 460,000
	小　計	2,960,000	2,500,000	外※ 460,000
仮　計		49,882,585	49,332,585	外※ △460,000 1,010,000
法人税額から控除される所得税額		117,415		117,415
所得金額または欠損金額		50,000,000	49,332,585	外※ △460,000 1,127,415

2．別表五(一)と貸借対照表のつながり

▶別表五(一)　利益積立金額及び資本金等の額の計算に関する明細書

Ⅰ 利益積立金額の計算に関する明細書

区分		期首現在利益積立金額	当期の増減			差引翌期首現在利益積立金額
			減	増		
		①	②	③		④
利益準備金		2,000,000			100,000	2,100,000
減価償却超過額					600,000	600,000
貸倒引当金					20,000	20,000
繰越損益金（損は赤）		28,922,215	28,922,215		64,301,000	64,301,000
納税充当金		12,000,000	12,000,000		9,400,000	9,400,000
未納法人税等	未納法人税、地方法人税（附帯税を除く）	△　8,000,000	△　13,692,700	中間	△　5,692,700	△　6,261,000
				確定	△　6,261,000	
	未納道府県民税（均等割額を含む）	△　1,500,000	△　2,141,100	中間	△　641,100	△　697,000
				確定	△　697,000	
	未納市町村民税（均等割額を含む）	△	△	中間	△	△
				確定	△	
差引合計額		33,422,215	25,088,415		61,129,200	69,463,000

Ⅱ 資本金等の額の計算に関する明細書

区分	期首現在資本金等の額	当期の増減		差引翌期首現在資本金等の額
		減	増	
資本金又は出資金	30,000,000			30,000,000
資本準備金				
差引合計額	30,000,000			30,000,000

税務上の純資産

貸借対照表

流動資産	60,900,000	流動負債	23,499,000
⋮	⋮	⋮	⋮
貸倒引当金	△　100,000	未払法人税等	9,400,000
		⋮	⋮
固定資産	69,000,000	純資産の部	
⋮	⋮	株主資本	96,401,000
		資本金	30,000,000
		資本剰余金	0
		利益剰余金	66,401,000
		利益準備金	2,100,000
		繰越利益剰余金	64,301,000
		純資産合計	96,401,000
資産合計	129,900,000	負債及び純資産合計	129,900,000

3．別表五(二)と決算書のつながり

損益計算書

売上高	300,000,000
⋮	⋮
税引前当期純利益	54,624,200
法人税、住民税及び事業税	18,145,415
当期純利益	36,478,785

損金経理した法人税等

▶別表五(二)　租税公課の納付状況等に関する明細書

税目及び事業年度		期首現在未納税額 ①	当期発生税額 ②	当期中の納付税額 充当金取崩しによる納付 ③	仮払経理 ④	損金経理による納付 ⑤	期末現在未納税額 ①＋②－③－④－⑤ ⑥
法人税	前期分	8,000,000		8,000,000			
	当期分中間		5,692,700			5,692,700	0
	当期分確定		6,261,000				6,261,000
	計	8,000,000	11,953,700	8,000,000		5,692,700	6,261,000
道府県民税	前期分	1,500,000		1,500,000			
	当期分中間		641,100			641,100	0
	当期分確定		697,000				697,000
	計	1,500,000	1,338,100	1,500,000		641,100	697,000
事業税	前期分		2,500,000	2,500,000			
	当期分中間		2,294,200			2,294,200	0
	計		4,794,200	2,500,000		2,294,200	0
	源泉所得税		117,415			117,415	

納税充当金の計算

期首納税充当金		12,000,000	取崩額	その他 損金算入のもの	
繰入額	損金経理をした納税充当金	9,400,000		その他 損金不算入のもの	
	計	9,400,000		仮払税金消却	
取崩	法人税額等	9,500,000		計	12,000,000
	事業税	2,500,000	期末納税充当金		9,400,000

貸借対照表

流動資産	60,900,000	流動負債	23,499,000
⋮	⋮	⋮	⋮
		未払法人税等	9,400,000
		⋮	⋮

4．決算書と申告書を比較しておこう

（1）会計と税務の純資産の内容

会計の B/S

流動資産	60,900,000	流動負債	23,499,000
固定資産	69,000,000	固定負債	10,000,000
		純資産	96,401,000
総資産	129,900,000	総資本	129,900,000

←会計上の純資産

税務の B/S

流動資産	60,900,000	流動負債	23,499,000
固定資産	69,000,000	未払法人税等	(△)9,400,000
減価償却超過額	(+) 600,000	未納法人税等	(+) 6,958,000
貸倒引当金超過	(+) 20,000	固定負債	10,000,000
		純資産	99,463,000
総資産	130,520,000	総資本	130,520,000

差額→未払事業税 (△) 2,442,000

←税務上の純資産

（会計の純資産と税務の純資産の差額）

会計上の純資産（96,401,000 円）と、税務上の純資産（99,463,000 円）との差額の内訳は、減価償却の償却超過額（600,000 円）、貸倒引当金の繰入限度超過額（20,000 円）、未払事業税（2,442,000 円）です。

貸借対照表の当期末純資産額		96,401,000円
減価償却超過額	（＋）	600,000
貸倒引当金繰入超過額	（＋）	20,000
未払事業税	（＋）	2,442,000
税務上の当期末純資産額		99,463,000円

上記のように、決算書と申告書の作成にあわせて、会計と税務の純資産の差異の中身を検証しておきましょう。減価償却超過額を加算調整した資産や減損損失を加算調整した資産を売却したときに、売却事業年度で減算調整を失念してしまう誤りを避けるためにも、会計と税務の純資産の差異について、その中身をよく検証しておくことはとても大切です。

（2）会計の利益と税務の所得

税務の課税所得は、法人税と住民税を損金計上する前の税引前利益から、当期に損金算入される事業税の支払額、申告調整を加減算した金額となります。

損益計算書

⋮	⋮
税引前当期純利益	54,624,200
法人税、住民税及び事業税	18,145,415
当期純利益	36,478,785

所得金額の計算

	税引前当期純利益		54,624,200
	事業税（前期分）	△	2,500,000
	事業税（中間分）	△	2,294,200
申告調整	附帯税否認	＋	10,000
	減価償却超過額	＋	600,000
	貸倒引当金超過額	＋	20,000
	受取配当等	△	460,000
	所得金額		50,000,000

未払法人税等の取崩しによる納付 → 事業税（前期分）

法人税、住民税及び事業税 → 事業税（中間分）

4 中間決算で「未払法人税等」に計上する場合

同じ会社の事例で、中間決算において、その会計期間（6か月）の法人税等を未払法人税等に計上し、納付時には未払法人税等（納税充当金）の取崩しによる納付を行なう会計処理と別表四、別表五(一)、別表五(二)の記載方法を見ておきましょう。

1. 別表四の記載

▶別表四　所得の金額の計算に関する明細書

損金経理していないため記載なし
前期確定分と当期中間分

区分		総額 ①	処分 留保 ②	処分 社外流出 ③
当期利益または当期欠損の額		36,478,785	35,478,785	配当 1,000,000 その他
加算	損金経理をした法人税、地方法人税	0	0	
	損金経理をした住民税	0	0	
	損金経理をした納税充当金	18,028,000	18,028,000	
	損金経理をした附帯税等	10,000		10,000
	減価償却費の償却超過額	600,000	600,000	
	貸倒引当金繰入超過額	20,000	20,000	
	小計	18,658,000	18,648,000	10,000
減算	納税充当金から支出した事業税等	4,794,200	4,794,200	
	受取配当等の益金不算入額	460,000		※ 460,000
	小計	5,254,200	4,794,200	外※ 460,000
仮計		49,882,585	49,332,585	外※ △460,000 1,010,000
法人税額から控除される所得税額		117,415		117,415
所得金額または欠損金額		50,000,000	49,332,585	外※ △460,000 1,127,415

中間納付分 (8,628,000) と
確定要納付額の引当額 (9,400,000) の合計

この場合、中間納付額（8,628,000 円）は損金経理による納付ではなく、「損金経理により未払法人税等（納税充当金）に引き当てた」うえで、中間決算の終了後に「未払法人税等（納税充当金）を取り崩して現金等で納付した」ということになります。

中間決算または四半期決算において、発生主義により未払法人税等を計上して貸借対照表を確定させる場合は、こちらの会計処理になります。法人税等の発生と納付は、すべて未払法人税等を通して仕訳されますので、未払法人税等の元帳を見れば、当期中の法人税等の納付や未払計上の取引記録の確認ができるという実務上のメリットがあります。

2. 別表五(一)の記載

▶別表五(一)　利益積立金額及び資本金等の額の計算に関する明細書

貸借対照表の繰越利益剰余金

貸借対照表の期末未払法人税等

Ⅰ 利益積立金額の計算に関する明細書

区分		期首現在利益積立金額	当期の増減 減	当期の増減 増		差引翌期首現在利益積立金額
		①	②	③		④
利益準備金		2,000,000			100,000	2,100,000
別途積立金						
減価償却超過額					600,000	600,000
貸倒引当金					20,000	20,000
繰越損益金（損は赤）		28,922,215	28,922,215		64,301,000	64,301,000
納税充当金		12,000,000	20,628,000		18,028,000	9,400,000
未納法人税等	未納法人税（附帯税を除く）	△ 8,000,000	△ 13,692,700	中間	△ 5,692,700	△ 6,261,000
				確定	△ 6,261,000	
	未納道府県民税（均等割額を含む）	△ 1,500,000	△ 2,141,100	中間	△ 641,100	△ 697,000
				確定	△ 697,000	
	未納市町村民税（均等割額を含む）	△	△	中間	△	△
				確定	△	
差引合計額		33,422,215	33,716,415		69,757,200	69,463,000

Ⅱ 資本金等の額の計算に関する明細書

区分	期首現在資本金等の額	当期の増減 減	当期の増減 増	差引翌期首現在資本金等の額
資本金又は出資金	30,000,000			30,000,000
資本準備金				
差引合計額	30,000,000			30,000,000

税務上の期末純資産

中間納付分（8,628,000）と
確定要納付額の引当額（9.400.000）の合計

3. 別表五(二)の記載

中間納付は納税充当金の取崩しによる納付

▶別表五(二) 租税公課の納付状況等に関する明細書

税目及び事業年度		期首現在未納税額	当期発生税額	当期中の納付税額			期末現在未納税額 ①+②−③−④−⑤
				充当金取崩しによる納付	仮払経理による納付	損金経理による納付	
		①	②	③	④	⑤	⑥
法人税	前期分	8,000,000		8,000,000			0
	当期分中間		5,692,700	5,692,700			0
	当期分確定		6,261,000				6,261,000
	計	8,000,000	11,953,700	13,692,700			6,261,000
都道府県民税	前期分	1,500,000		1,500,000			
	当期分中間		641,100	641,100			
	当期分確定		697,000				697,000
	計	1,500,000	1,338,100	2,141,100			697,000
事業税	前期分		2,500,000	2,500,000			
	当期分中間		2,294,200	2,294,200			
	計	0	4,794,200	4,794,200			
その他	固定資産税		436,000			436,000	
	印紙税		14,000			14,000	
	源泉所得税		117,415			117,415	
	罰金		10,000			10,000	

納税充当金の計算

期首納税充当金		12,000,000	取崩額	その他	損金算入のもの	
繰入額	損金経理をした納税充当金	18,028,000			損金不算入のもの	
	計	18,028,000			仮払税金消却	
取崩	法人税額等	15,833,800		計		20,628,000
	事業税	4,794,200	期末納税充当金			9,400,000

貸借対照表の期末未払法人税等

中間納付分(8,628,000)と確定要納付額の引当額(9,400,000)の合計

5　中間納付額が還付となる場合

同じ会社の事例で、当期純損失815,800円となり、中間納付額の還付が見込まれるケースでの別表記載を見ておきましょう。

中間納付において損金経理した法人税等のうち、住民税均等割以外は「未収還付法人税等」へ振替仕訳を起票します。

1．還付税金に関する仕訳

損金経理により納付した中間申告分の法人税等が還付される見込みとなった場合は、確定申告において「未収還付法人税等」に計上します。

法人税申告書では、会計で計上した「未収還付法人税等」を「仮払税金」と呼称し、税務の資産と認識せず、別表五(一)で純資産からマイナスします。その一方で、申告により還付される法人税と住民税を「△」印を二重線で取り消す形で「<s>△</s>未納法人税」(△未納法人税のマイナス、つまり未収法人税)と「<s>△</s>未納住民税」(△未納住民税のマイナス、つまり未収住民税／法人税割のみ)に計上します。

会計での「未収還付法人税等」を税務では「仮払税金」と呼称し、資産とは認めず別表五(一)においてマイナスする一方で、「<s>△</s>未納法人税」と「<s>△</s>未納住民税」は税務上の資産として、別表五(一)でプラス(△の取り消し)で表示することにより純資産に含めます。

なお、未収税額について、未納法人税等の欄ではなく、「未収還付法人税」と「未収還付住民税」という科目で、別表五(一)において純資産のプラスとして表示してもかまいません(多くの申告ソフトはこちらの表示で作成されます)。

税務では、事業税は還付を受ける翌期の益金に算入されるため未収税金を計上せず、また、源泉所得税の還付金は確定申告書の提出日に権利が確定するため未収税金を計上しません。

〈会計仕訳〉

未収還付法人税等(仮払税金)8,645,415 ／ 法人税、住民税及び事業税　8,645,415

〈税務仕訳〉

未納法人税（未収還付法人税）　5,692,700 ／ 仮払税金　5,692,700

未納住民税（未収還付住民税）　541,100 ／ 仮払税金　541,100

別表五(一)の「増③」で、「仮払税金」（△ 8,645,415 円）の増加（税務上のマイナスの純資産の増加）を記載するとともに、実額での法人税の還付額を「≏未納法人税」5,692,700 円、住民税の還付額を「≏未納住民税」541,100 円として記載します。

別表四では、未収還付法人税等に計上した中間分の法人税等（8,645,415 円）を減算「留保」すると同時に、そのうち損金に算入されない法人税（5,692,700 円）と住民税（法人税割 541,100 円）を加算「留保」にて、源泉所得税（117,415 円）を加算「社外流出」にて損金不算入とします。

結果として、中間分の事業税（2,294,200 円）は当期において損金算入されますが、翌期になり、実際に還付を受けたときに益金に算入されます。

2. 未払法人税等の計上

住民税の均等割の確定分 100,000 円を損金経理により未払法人税等（納税充当金）に引き当てます。

〈会計仕訳〉

法人税、住民税及び事業税　100,000 ／未払法人税等（納税充当金）　100,000

〈税務仕訳〉

法人税、住民税及び事業税　100,000 ／未納住民税　100,000

別表五(一)の「増③」において、納税充当金の増加（100,000 円）とともに、未納住民税（△ 100,000 円）の計上（税務上の負債の増加）を記載します。

別表四では、税務上、損金算入されない未払法人税等への引当額（100,000 円）を「損金の額に算入した納税充当金」として加算「留保」で記載します。

3. 未収還付法人税等の額の明細

税　目	年税額	中間納付額	源泉税	要納付額	還付税額
法人税	0	5,165,500	117,415	0	5,282,915
地方法人税	0	527,200	－	0	527,200
法人住民税	200,000	641,100	－	100,000	541,100
事業税	0	2,294,200	－	0	2,294,200
合　計	200,000	8,628,000	117,415	100,000	8,645,415

4. 別表四と損益計算書のつながり

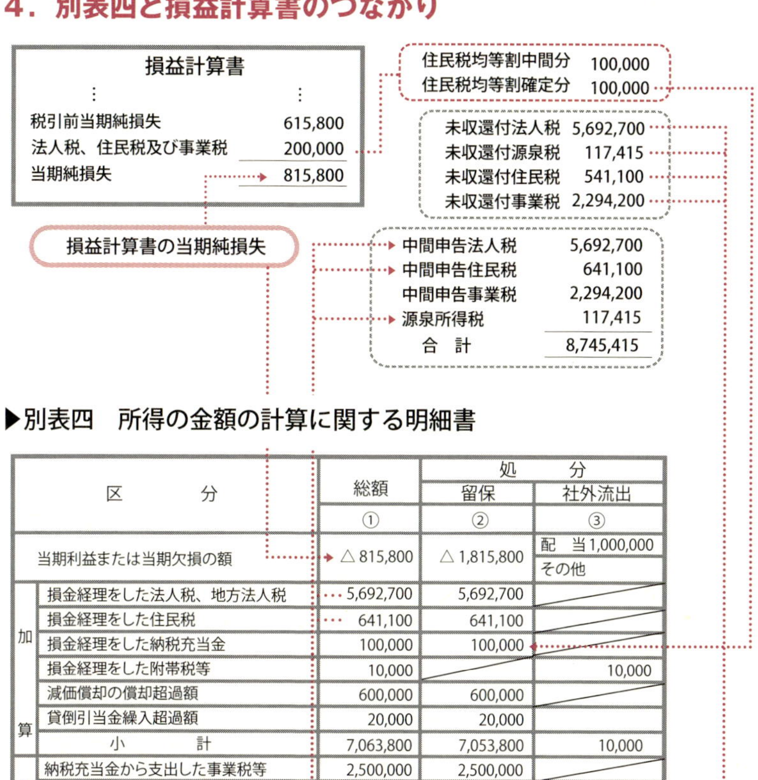

▶別表四　所得の金額の計算に関する明細書

区　分		総額 ①	処分 留保 ②	処分 社外流出 ③
当期利益または当期欠損の額		△815,800	△1,815,800	配当 1,000,000 その他
加算	損金経理をした法人税、地方法人税	5,692,700	5,692,700	
	損金経理をした住民税	641,100	641,100	
	損金経理をした納税充当金	100,000	100,000	
	損金経理をした附帯税等	10,000		10,000
	減価償却の償却超過額	600,000	600,000	
	貸倒引当金繰入超過額	20,000	20,000	
	小　計	7,063,800	7,053,800	10,000
減算	納税充当金から支出した事業税等	2,500,000	2,500,000	
	受取配当等の益金不算入額（注）	460,000		※ 460,000
	仮払税金認定損	8,645,415	8,645,415	
	小　計	11,605,415	11,145,415	外※ 460,000
	仮　計	△5,357,415	△5,907,415	外※ △460,000 1,010,000
法人税額から控除される所得税額		117,415		117,415
所得金額または欠損金額		△5,240,000	△5,907,415	外※ △460,000 1,127,415

5. 別表五(一)と貸借対照表のつながり

▶別表五(一)　利益積立金額及び資本金等の額の計算に関する明細書

未収還付事業税（2,294,700）と未収還付源泉税（117,415）は税務上の純資産と捉えていない

Ⅰ 利益積立金額の計算に関する明細書

区分		期首現在利益積立金額	当期の増減			差引翌期首現在利益積立金額
			減	増		
		①	②	③		④
利益準備金		2,000,000			100,000	2,100,000
減価償却超過額					600,000	600,000
貸倒引当金					20,000	20,000
仮払税金					△ 8,645,415	△ 8,645,415
繰越損益金（損は赤）		28,922,215	28,922,215		27,006,415	27,006,415
納税充当金		12,000,000	12,000,000		100,000	100,000
未納法人税等	未納法人税（附帯税を除く）	△ 8,000,000	△ 13,692,700	中間	△ 5,692,700	≙ 5,692,700
				確定	≙ 5,692,700	
	未納道府県民税（均等割額を含む）	△ 1,500,000	△ 2,141,100	中間	△ 641,100	≙ 541,100
				確定	≙ 441,100	△ 100,000
	未納市町村民税（均等割額を含む）	△	△	中間	△	△
				確定	△	
差引合計額		33,422,215	25,088,415		18,981,000	27,314,800

Ⅱ 資本金等の額の計算に関する明細書

区分	期首現在資本金等の額	当期の増減		差引翌期首現在資本金等の額
		減	増	
資本金又は出資金	30,000,000			30,000,000
資本準備金				
差引合計額	30,000,000			30,000,000

税務上の純資産

貸借対照表

流動資産		流動負債	14,199,000
⋮	⋮	⋮	⋮
未収還付法人税等	8,645,415	未払法人税等	100,000
⋮	⋮	株主資本	59,106,415
固定資産		資本金	30,000,000
⋮	⋮	資本剰余金	0
		利益剰余金	29,106,415
		利益準備金	2,100,000
		繰越利益剰余金	27,006,415
		純資産合計	59,106,415

（注）厳密には、貸借対照表の総資産の金額が変わると、別表四の「受取配当等の益金不算入額」（関連法人株式等に係る受取配当等のみ）の金額が変わります。

会計の純資産と税務の純資産の差額

当期末における「税務上の純資産」は、別表五(一)の期末利益積立金額(27,314,800円）と期末資本金等の金額（30,000,000円）の合計額（57,314,800円）です。

「会計上の純資産」の合計額（59,106,415円）と、「税務上の純資産」との差額の内訳は次のとおりです。

（1）会計上は資産からマイナスされているが、税務の純資産に含まれる項目

減価償却超過額（600,000円）と貸倒引当金繰入超過額（20,000円）

（2）会計上は資産に計上しているが、税務の純資産に含めない項目

仮払税金（△8,645,415円）から未収還付法人税（△5,692,700円、税務上の資産）と未収還付住民税（△541,100円、税務上の資産）を差し引いた金額（△2,411,615円）が会計上の未収税金と税務上の未収税金との差額です。この金額は、会計上は資産計上したが税務上は資産に含まれない未収還付事業税（2,294,200円）と未収還付源泉税（117,415円）の合計額（2,411,615円）と同額となります。

事業税の還付額は申告書を提出した日（還付を受けた日）において益金に算入されます。源泉税については、還付金額を記載した確定申告書の提出日において権利が確定しますが、支払時に損金不算入とした源泉所得税の還付額は翌期において益金不算入とします。

貸借対照表の当期末純資産額		59,106,415円
減価償却超過額	（＋）	600,000
貸倒引当金繰入超過額	（＋）	20,000
未収還付事業税	（△）	2,294,200
未収還付源泉税	（△）	117,415
税務上の当期末純資産額		57,314,800円

会計の利益と税務の所得

税務の課税所得は、法人税と住民税を損金計上する前の税引前損失から、当期に損金算入される事業税の支払額、申告調整を加減算した金額となります。

損益計算書

⋮	⋮
税引前当期純損失	615,800
法人税、住民税及び事業税	200,000
当期純損失	815,800

所得金額の計算

	税引前当期純損失	△	615,800
	事業税（前期分）	△	2,500,000
	事業税（中間分）	△	2,294,200
申告調整	附帯税否認	＋	10,000
	減価償却超過額	＋	600,000
	貸倒引当金超過額	＋	20,000
	受取配当等	△	460,000
	所得金額	△	5,240,000

未払法人税等の取崩しによる納付 → 事業税（前期分）
中間分の事業税 → 事業税（中間分）

6. 別表五(二)の記載

▶別表五(二)　租税公課の納付状況等に関する明細書

税目及び事業年度		期首現在未納税額	当期発生税額	当期中の納付税額			期末現在未納税額 ①＋②－③－④－⑤
				充当金取崩しによる納付	仮払経理による納付	損金経理による納付	
		①	②	③	④	⑤	⑥
法人税	前期分	8,000,000		8,000,000			0
	当期分中間		5,692,700			5,692,700	0
	当期分確定		△ 5,692,700				△ 5,692,700
	計	8,000,000	0	8,000,000	0	5,692,700	△ 5,692,700
道府県民税	前期分	1,500,000		1,500,000			0
	当期分中間		641,100			641,100	0
	当期分確定		△ 541,100 100,000				△ 541,100 100,000
	計	1,500,000	200,000	1,500,000	0	641,100	△ 441,100
事業税	前期分		2,500,000	2,500,000			0
	当期分中間		2,294,200			2,294,200	0
	計	0	4,794,200	2,500,000	0	2,294,200	0
その他	固定資産税		436,000			436,000	
	印紙税		14,000			14,000	
	源泉所得税		117,415			117,415	
	罰金		10,000			10,000	

納税充当金の計算

期首納税充当金		12,000,000	取崩額	その他	損金算入のもの	
繰入額	損金経理をした納税充当金	100,000			損金不算入のもの	
	計	100,000			仮払税金消却	
取崩	法人税額等	9,500,000		計		12,000,000
	事業税	2,500,000	期末納税充当金			100,000

貸借対照表の期末未払法人税等

住民税均等割の確定要納付額(100,000)の引当額

7．別表四と別表五(一)のつながり

▶別表四　所得の金額の計算に関する明細書

区分	総額	処分	
		留保	社外流出
	①	②	③
当期利益または当期欠損の額	△ 815,800	△ 1,815,800	配当 1,000,000 その他
仮計	△ 5,357,415	△ 5,907,415	外※△ 460,000 1,010,000
法人税額から控除される所得税額	117,415		117,415
所得金額または欠損金額	△ 5,240,000	△ 5,907,415	外※△ 460,000 1,127,415

□内の合計額 △5,907,415（別表四の留保所得）

▶別表五(一)　利益積立金額及び資本金等の額の計算に関する明細書

Ⅰ 利益積立金額の計算に関する明細書

区分		期首現在利益積立金額	当期の増減			差引翌期首現在利益積立金額
			減	増		
		①	②	③		④
利益準備金		2,000,000			100,000	2,100,000
減価償却超過額					600,000	600,000
貸倒引当金					20,000	20,000
仮払税金					△ 8,645,415	△ 8,645,415
繰越損益金（損は赤）		28,922,215	28,922,215		27,006,415	27,006,415
納税充当金		12,000,000	12,000,000		100,000	100,000
未納法人税等	未納法人税、地方法人税（附帯税を除く）	△ 8,000,000	△ 13,692,700	中間	△ 5,692,700	△ 5,692,700
				確定	△ 5,692,700	
	未納道府県民税（均等割額を含む）	△ 1,500,000	△ 2,141,100	中間	△ 641,100	△ 541,100
				確定	△ 441,100	△ 100,000
	未納市町村民税（均等割額を含む）	△	△	中間	△	△
				確定	△	
差引合計額		33,422,215	25,088,415		18,981,000	27,314,800

Ⅱ 資本金等の額の計算に関する明細書

区分	①	②	③	④
資本金又は出資金	30,000,000			30,000,000

別表四と別表五(一)の検算

期首現在利益積立金額（33,422,215）＋ 当期の留保所得金額（△ 5,907,415）

－ 中間分と確定分の法人税と住民税の当期発生額（200,000）

＝ 期末現在利益積立金額（27,314,800）

◆ファイン㈱の別表一◆

FB0611

税務署受付印	令和 3 年 5 月 25 日 京橋 税務署長殿
納税地	東京都中央区築地１丁目△番地 電話（03 ）3524 － ××
(フリガナ)	ファイン カブシキガイシャ
法人名	ファイン株式会社
法人番号	1111222233334
(フリガナ)	トコロ ヒロシ
代表者記名押印	所 ひろし ㊞
代表者住所	神奈川県川崎市幸区△丁目
法人区分	普通法人
事業種目	プラスティック製品製造業
期末現在の資本金の額又は出資金の額	30,000,000 円 非中小法人
同非区分	同族会社
旧納税地及び旧法人名等	
添付書類	貸借対照表、損益計算書、株主(社員)資本等変動計算書又は損益金処分表、勘定科目内訳明細書、事業概況書、組織再編成に係る契約書等の写し、組織再編成に係る移転資産等の明細書

税務署処理欄	
青色申告	一連番号
整理番号	33333333
事業年度(至)	年 月 日
売上金額	300（百万）
申告年月日	年 月 日
通信日付印 確認印 庁指定 局指定 指導等 区分	
申告区分	法人税：中間 期限後 修正／地方法人税：中間 期限後 修正

平成・㊀令和 02 年 04 月 01 日 事業年度分の法人税 確定 申告書
令和 03 年 03 月 31 日 課税事業年度分の地方法人税 確定 申告書
（中間申告の場合の計算期間 令和 年 月 日 令和 年 月 日）

翌年以降送付要否	要 ㊀否
適用額明細書提出の有無	㊀有 無
税理士法第30条の書面提出有	有
税理士法第33条の2の書面提出有	有

この申告書による法人税額の計算

項目	番号	金額（円）
所得金額又は欠損金額（別表四「48の①」）	1	50000000
法人税額 (53)＋(54)＋(55)	2	10944000
法人税額の特別控除額（別表六(六)「4」）	3	
差引法人税額 (2)－(3)	4	10944000
連結納税の承認を取り消された場合等における既に控除された法人税額の特別控除額の加算額	5	
土地譲渡利益金 課税土地譲渡利益金額（別表三(二)「24」＋別表三(二の二)「25」＋別表三(三)「20」）	6	000
同上に対する税額 (22)＋(23)＋(24)	7	
留保金 課税留保金額（別表三(一)「4」）	8	000
同上に対する税額（別表三(一)「8」）	9	
		00
法人税額計 (4)＋(5)＋(7)＋(9)	10	10944000
分配時調整外国税相当額及び外国関係会社等に係る控除対象所得税額等相当額の控除額	11	
仮装経理に基づく過大申告の更正に伴う控除法人税額	12	
控除税額	13	117415
差引所得に対する法人税額 (10)－(11)－(12)－(13)	14	10826500
中間申告分の法人税額	15	5165500
差引確定法人税額 (14)－(15)（中間申告の場合はその税額とし、マイナスの場合は、(26)へ記入）	16	5661000

控除税額の計算

項目	番号	金額（円）
所得税の額（別表六(一)「6の③」）	17	117415
外国税額（別表六(二)「20」）	18	
計 (17)＋(18)	19	117415
控除した金額 (13)	20	117415
控除しきれなかった金額 (19)－(20)	21	0
土地譲渡税額の内訳 土地譲渡税額（別表三(二)「27」）	22	0
同上（別表三(二の二)「28」）	23	0
同上（別表三(三)「23」）	24	00
この申告による還付金額 所得税額等の還付金額 (21)	25	
中間納付額 (15)－(14)	26	
欠損金の繰戻しによる還付請求税額	27	外
計 (25)＋(26)＋(27)	28	外
この申告が修正申告である場合 この申告前の所得金額又は欠損金額 (60)	29	
この申告により納付すべき法人税額又は減少する還付請求税額 (65)	30	外 00
欠損金又は災害損失金等の当期控除額（別表七(一)「4の計」＋(別表七(二)「9」若しくは「21」又は別表七(三)「10」)）	31	
翌期へ繰り越す欠損金又は災害損失金（別表七(一)「5の合計」）	32	

この申告書による地方法人税額の計算

項目	番号	金額（円）
課税標準法人税額の計算 所得の金額に対する法人税額 (4)＋(5)＋(7)＋(10の外書)	33	10944000
課税留保金額に対する法人税額 (9)	34	
課税標準法人税額 (33)＋(34)	35	10944000
地方法人税額 (58)	36	1127232
課税留保金額に係る地方法人税額 (59)	37	
所得地方法人税額 (36)＋(37)	38	1127232
分配時調整外国税相当額及び外国関係会社等に係る控除対象所得税額等相当額の控除額	39	
外国税額の控除額（別表六(二)「50」）	40	
仮装経理に基づく過大申告の更正に伴う控除地方法人税額	41	
差引地方法人税額 (38)－(39)－(40)－(41)	42	1127200
中間申告分の地方法人税額	43	527200
差引確定地方法人税額 (42)－(43)（中間申告の場合はその税額とし、マイナスの場合は、(45)へ記入）	44	600000

項目	番号	金額（円）
この申告による還付金額 (43)－(42)	45	外
この申告が修正申告である場合 この申告前の 所得の金額に対する法人税額 (68)	46	
課税留保金額に対する法人税額 (69)	47	
課税標準法人税額 (70)	48	000
この申告により納付すべき地方法人税額 (74)	49	00
剰余金・利益の配当（剰余金の分配）の金額		1000000
残余財産の最後の分配又は引渡しの日		令和 年 月 日
決算確定の日		令和 03年 05月 20日

還付を受けようとする金融機関等	
銀行・金庫・組合・農協・漁協	本店・支店・出張所・本所・支所 預金
郵便局名等	
口座番号	ゆうちょ銀行の貯金記号番号 －
※税務署処理欄	

税理士署名押印	㊞

別表一 各事業年度の所得に係る申告書－内国法人の分……令二・四・一以後終了事業年度等分

◆ファイン㈱の別表一(一)次葉◆

事業年度等	令和 2・4・1 令和 3・3・31	法人名	ファイン株式会社

別表一次葉　令二・四・一以後終了事業年度等分

法人税額の計算

項目		金額	項目		金額
(1)のうち中小法人等の年800万円相当額以下の金額 ((1)と800万円×$\frac{12}{12}$のうち少ない金額)	50	8,000,000	(50)の15%相当額	53	1,200,000
(1)のうち特例税率の適用がある協同組合等の年10億円相当額を超える金額 (1)−10億円×$\frac{12}{12}$	51	000	(51)の22%相当額	54	
その他の所得金額 (1)−(50)−(51)	52	42,000,000	(52)の23.2%相当額	55	9,744,000

地方法人税額の計算

項目		金額	項目		金額
所得の金額に対する法人税額 (33)	56	10,944,000	(56)の10.3%相当額	58	1,127,232
課税留保金額に対する法人税額 (34)	57	000	(57)の10.3%相当額	59	

この申告が修正申告である場合の計算

法人税額の計算・この申告前の	所得金額又は欠損金額	60		地方法人税額の計算・この申告前の	所得の金額に対する法人税額	68	
	課税土地譲渡利益金額	61			課税留保金額に対する法人税額	69	
	課税留保金額	62			課税標準法人税額 (68)＋(69)	70	000
	法人税額	63			確定地方法人税額	71	
	還付金額	64	外		中間還付額	72	
法人税額の計算	この申告により納付すべき法人税額又は減少する還付請求税額 ((16)−(63))若しくは((16)＋(64))又は((64)−(28))	65	外 00		欠損金の繰戻しによる還付金額	73	
法人税額の計算・この申告前の	欠損金又は災害損失金等の当期控除額	66		地方法人税額の計算	この申告により納付すべき地方法人税額 ((44)−(71))若しくは((44)＋(72)＋(73))又は(((72)−(45))＋((73)−(45の外書)))	74	00
法人税額の計算・この申告前の	翌期へ繰り越す欠損金又は災害損失金	67					

◆ファイン㈱の別表二◆

別表二　令二・四・一以後終了事業年度又は連結事業年度分

同族会社等の判定に関する明細書	事業年度又は連結事業年度	令和 2・4・1 令和 3・3・31	法人名	ファイン株式会社

	項目	番号	金額		項目	番号	金額
同族会社の判定	期末現在の発行済株式の総数又は出資の総額	1	内 2,000	特定同族会社の判定	(21)の上位1順位の株式数又は出資の金額	11	
	(19)と(21)の上位3順位の株式数又は出資の金額	2	1,400		株式数等による判定 (11)/(1)	12	%
	株式数等による判定 (2)/(1)	3	70.0 %		(22)の上位1順位の議決権の数	13	
	期末現在の議決権の総数	4	内		議決権の数による判定 (13)/(4)	14	%
	(20)と(22)の上位3順位の議決権の数	5			(21)の社員の1人及びその同族関係者の合計人数のうち最も多い数	15	
	議決権の数による判定 (5)/(4)	6	%		社員の数による判定 (15)/(7)	16	%
	期末現在の社員の総数	7			特定同族会社の判定割合 ((12)、(14)又は(16)のうち最も高い割合)	17	
	社員の3人以下及びこれらの同族関係者の合計人数のうち最も多い数	8		判定結果		18	同族会社
	社員の数による判定 (8)/(7)	9	%				
	同族会社の判定割合 ((3)、(6)又は(9)のうち最も高い割合)	10	70.0				

判定基準となる株主等の株式数等の明細

順位 株式数等	順位 議決権数	判定基準となる株主(社員)及び同族関係者 住所又は所在地	氏名又は法人名	判定基準となる株主等との続柄	被支配会社でない法人株主等 株式数又は出資の金額 19	被支配会社でない法人株主等 議決権の数 20	その他の株主等 株式数又は出資の金額 21	その他の株主等 議決権の数 22
1		神奈川県川崎市幸区△丁目	所　ひろし	本　人			500	
1		〃	所　かおり	配偶者			300	
1		〃	所　たけし	長　男			150	
1		〃	所　めぐみ	長　女			50	
2		埼玉県さいたま市大宮区○丁目	南野　浩二	本　人			300	
3		千葉県市原市青葉台△町目	安井　健二	本　人			100	

◆ファイン㈱の別表四◆

所得の金額の計算に関する明細書（簡易様式）

事業年度	令和 2・4・1 令和 3・3・31	法人名	ファイン株式会社

	区分		総額 ①	処分 留保 ②	社外流出 ③	
	当期利益又は当期欠損の額	1	円 36,478,785	円 35,478,785	配当 その他	1,000,000円
加算	損金経理をした法人税及び地方法人税（附帯税を除く。）	2	5,692,700	5,692,700		
	損金経理をした道府県民税及び市町村民税	3	641,100	641,100		
	損金経理をした納税充当金	4	9,400,000	9,400,000		
	損金経理をした附帯税（利子税を除く。）、加算金、延滞金（延納分を除く。）及び過怠税	5	10,000		その他	10,000
	減価償却の償却超過額	6	600,000	600,000		
	役員給与の損金不算入額	7			その他	
	交際費等の損金不算入額	8			その他	
	貸倒引当金繰入超過額	9	20,000	20,000		
		10				
	小計	11	16,363,800	16,353,800		10,000
減算	減価償却超過額の当期認容額	12				
	納税充当金から支出した事業税等の金額	13	2,500,000	2,500,000		
	受取配当等の益金不算入額（別表八(一)「13」又は「26」）	14	460,000		※	460,000
	外国子会社から受ける剰余金の配当等の益金不算入額（別表八(二)「26」）	15			※	
	受贈益の益金不算入額	16			※	
	適格現物分配に係る益金不算入額	17			※	
	法人税等の中間納付額及び過誤納に係る還付金額	18				
	所得税額等及び欠損金の繰戻しによる還付金額等	19			※	
		20				
	小計	21	2,960,000	2,500,000	外※	460,000 0
	仮計 (1)＋(11)－(21)	22	49,882,585	49,332,585	外※	△460,000 1,010,000
	関連者等に係る支払利子等又は対象純支払利子等の損金不算入額（別表十七(二の二)「24」若しくは「29」又は別表十七(二の五)「27」若しくは「32」）	23			その他	
	超過利子額の損金算入額（別表十七(二の三)「10」）	24	△		※	△
	仮計 ((22)から(24)までの計)	25	49,882,585	49,332,585	外※	△460,000 1,010,000
	寄附金の損金不算入額（別表十四(二)「24」又は「40」）	27			その他	
	法人税額から控除される所得税額（別表六(一)「6の③」）	29	117,415		その他	117,415
	税額控除の対象となる外国法人税の額（別表六(二の二)「7」）	30			その他	
	分配時調整外国税相当額及び外国関係会社等に係る控除対象所得税額等相当額（別表六(五の二)「5の②」＋別表十七(三の十二)「1」）	31			その他	
	合計 (25)＋(27)＋(29)＋(30)＋(31)	34	50,000,000	49,332,585	外※	△460,000 1,127,415
	契約者配当の益金算入額（別表九(一)「13」）	35				
	中間申告における繰戻しによる還付に係る災害損失欠損金額の益金算入額	37			※	
	非適格合併又は残余財産の全部分配等による移転資産等の譲渡利益額又は譲渡損失額	38			※	
	差引計 (34)＋(35)＋(37)＋(38)	39	50,000,000	49,332,585	外※	△460,000 1,127,415
	欠損金又は災害損失金等の当期控除額（別表七(一)「4の計」＋(別表七(二)「9」若しくは「21」又は別表七(三)「10」)）	40	△		※	△
	総計 (39)＋(40)	41	50,000,000	49,332,585	外※	△460,000 1,127,415
	新鉱床探鉱費又は海外新鉱床探鉱費の特別控除額（別表十(三)「43」）	42	△		※	△
	残余財産の確定の日の属する事業年度に係る事業税の損金算入額	47	△	△		
	所得金額又は欠損金額	48	50,000,000	49,332,585	外※	△460,000 1,127,415

㊣簡

別表四（簡易様式）　令二・四・一以後終了事業年度分

◆ファイン㈱の別表五(一)◆

利益積立金額及び資本金等の額の計算に関する明細書

事業年度	令和 2・4・1 令和 3・3・31	法人名	ファイン株式会社

別表五(一) 令二・四・一以後終了事業年度分

I 利益積立金額の計算に関する明細書

区分		期首現在利益積立金額 ①	当期の増減 減 ②		当期の増減 増 ③	差引翌期首現在利益積立金額 ①−②+③ ④
利益準備金	1	2,000,000円	円		100,000円	2,100,000円
積立金	2					
減価償却超過額	3				600,000	600,000
貸倒引当金	4				20,000	20,000
	5					
	6					
	7					
	8					
	9					
	10					
	11					
	12					
	13					
	14					
	15					
	16					
	17					
	18					
	19					
	20					
	21					
	22					
	23					
	24					
	25					
繰越損益金(損は赤)	26	28,922,215	28,922,215		64,301,000	64,301,000
納税充当金	27	12,000,000	12,000,000		9,400,000	9,400,000
未納法人税等(退職年金等積立金に対するものを除く。) 未納法人税及び未納地方法人税(附帯税を除く。)	28	△8,000,000	△13,692,700	中間	△5,692,700	△6,261,000
				確定	△6,261,000	
未納道府県民税(均等割額を含む。)	29	△1,500,000	△2,141,100	中間	△641,100	△697,000
				確定	△697,000	
未納市町村民税(均等割額を含む。)	30			中間		
				確定		
差引合計額	31	33,422,215	25,088,415		61,129,200	69,463,000

II 資本金等の額の計算に関する明細書

区分		期首現在資本金等の額 ①	当期の増減 減 ②	当期の増減 増 ③	差引翌期首現在資本金等の額 ①−②+③ ④
資本金又は出資金	32	30,000,000円	円	円	30,000,000円
資本準備金	33				
	34				
	35				
差引合計額	36	30,000,000			30,000,000

◆ファイン㈱の別表五(二)◆

別表五(二) 令二・四・一以後終了事業年度分

租税公課の納付状況等に関する明細書

事業年度	令和 2・4・1 令和 3・3・31	法人名	ファイン株式会社

税目及び事業年度				期首現在未納税額 ①	当期発生税額 ②	当期中の納付税額 充当金取崩しによる納付 ③	仮払経理による納付 ④	損金経理による納付 ⑤	期末現在未納税額 ①+②−③−④−⑤ ⑥
法人税及び地方法人税		・　・	1	円		円	円	円	円
		平31・4・1 令2・3・31	2	8,000,000		8,000,000			0
	当期分	中間	3		円 5,692,700			5,692,700	0
		確定	4		6,261,000				6,261,000
	計		5	8,000,000	11,953,700	8,000,000	0	5,692,700	6,261,000
道府県民税		・　・	6						
		平31・4・1 令2・3・31	7	1,500,000		1,500,000			0
	当期分	中間	8		641,100			641,100	0
		確定	9		697,000				697,000
	計		10	1,500,000	1,338,100	1,500,000	0	641,100	697,000
市町村民税		・　・	11						
		・　・	12						
	当期分	中間	13						
		確定	14						
	計		15	0	0	0	0	0	0
事業税		・　・	16						
		平31・4・1 令2・3・31	17		2,500,000	2,500,000			0
	当期中間分		18		2,294,200			2,294,200	0
	計		19	0	4,794,200	2,500,000	0	2,294,200	0
その他	損金算入のもの	利子税	20						
		延滞金（延納に係るもの）	21						
		固定資産税	22		436,000			436,000	0
		印紙税	23		14,000			14,000	0
	損金不算入のもの	加算税及び加算金	24						
		延滞税	25						
		延滞金（延納分を除く。）	26						
		過怠税	27						
		源泉所得税等	28		117,415			117,415	0
		罰金	29		10,000			10,000	0

納税充当金の計算

期首納税充当金		30	円 12,000,000	取崩額	その他	損金算入のもの	36	円
繰入額	損金経理をした納税充当金	31	9,400,000			損金不算入のもの	37	
		32					38	
	計 (31)+(32)	33	9,400,000			仮払税金消却	39	
取崩額	法人税額等 (5の③)+(10の③)+(15の③)	34	9,500,000		計 (34)+(35)+(36)+(37)+(38)+(39)		40	12,000,000
	事業税 (19の③)	35	2,500,000	期末納税充当金 (30)+(33)−(40)			41	9,400,000

◆ファイン㈱の別表六(一)◆

③ 所得税額の控除に関する明細書

事業年度	令和 2・4・1 令和 3・3・31	法人名	ファイン株式会社

区分		収入金額 ①	①について課される所得税額 ②	②のうち控除を受ける所得税額 ③
公社債及び預貯金の利子、合同運用信託、公社債投資信託及び公社債等運用投資信託(特定公社債等運用投資信託を除く。)の収益の分配並びに特定公社債等運用投資信託の受益権及び特定目的信託の社債的受益権に係る剰余金の配当	1	円 100,000	円 15,315	円 15,315
剰余金の配当(特定公社債等運用投資信託の受益権及び特定目的信託の社債的受益権に係るものを除く。)、利益の配当、剰余金の分配及び金銭の分配(みなし配当等を除く。)	2	500,000	102,100	102,100
集団投資信託(合同運用信託、公社債投資信託及び公社債等運用投資信託(特定公社債等運用投資信託を除く。)を除く。)の収益の分配	3			
割引債の償還差益	4			
その他	5			
計	6	600,000	117,415	117,415

剰余金の配当(特定公社債等運用投資信託の受益権及び特定目的信託の社債的受益権に係るものを除く。)、利益の配当、剰余金の分配及び金銭の分配(みなし配当等を除く。)、集団投資信託(合同運用信託、公社債投資信託及び公社債等運用投資信託(特定公社債等運用投資信託を除く。)を除く。)の収益の分配又は割引債の償還差益に係る控除を受ける所得税額の計算

	銘柄	収入金額	所得税額	配当等の計算期間	(9)のうち元本所有期間	所有期間割合 (10)/(9) (小数点以下3位未満切上げ)	控除を受ける所得税額 (8)×(11)
		7	8	9	10	11	12
個別法による場合	配 ファイン運輸(株)	円 500,000	円 102,100	月 12	月 12	1.000	円 102,100

	銘柄	収入金額	所得税額	配当等の計算期末の所有元本数等	配当等の計算期首の所有元本数等	(15)−(16) / 2又は12 (マイナスの場合は0)	所有元本割合 (16)+(17)/(15) (小数点以下3位未満切上げ) (1を超える場合は1)	控除を受ける所得税額 (14)×(18)
		13	14	15	16	17	18	19
銘柄別簡便法による場合		円	円					円

その他に係る控除を受ける所得税額の明細

支払者の氏名又は法人名	支払者の住所又は所在地	支払を受けた年月日	収入金額 20	控除を受ける所得税額 21	参考
		・・	円	円	
		・・			
		・・			
		・・			
		・・			
計					

別表六(一) 令二・四・一以後終了事業年度分

◆ファイン㈱の別表八(一)◆

① 受取配当等の益金不算入に関する明細書

事業年度	令和 2・4・1 令和 3・3・31	法人名	ファイン株式会社

別表八(一) 令二・四・一以後終了事業年度分

当年度実績により負債利子等の額を計算する場合			基準年度実績により負債利子等の額を計算する場合		
完全子法人株式等に係る受取配当等の額 (31の計)	1	円	完全子法人株式等に係る受取配当等の額 (31の計)	14	円
関連法人株式等 受取配当等の額 (34の計)	2	500,000	関連法人株式等 受取配当等の額 (34の計)	15	
負債利子等の額の計算 当期に支払う負債利子等の額	3	500,000	負債利子等の額の計算 当期に支払う負債利子等の額	16	
連結法人に支払う負債利子等の額	4		国外支配株主等に係る負債の利子等の損金不算入額、関連者等に係る支払利子等若しくは対象純支払利子等の損金不算入額又は恒久的施設に帰せられるべき資本に対応する負債の利子の損金不算入額 ((別表十七(一)「35」と(別表十七(二の二)「24」又は別表十七(二の五)「27」)のうち多い金額)又は((別表十七(二の二)「29」又は別表十七(二の五)「32」)と別表十七の三(二)「17」のうち多い金額))	17	
国外支配株主等に係る負債の利子等の損金不算入額、関連者等に係る支払利子等若しくは対象純支払利子等の損金不算入額又は恒久的施設に帰せられるべき資本に対応する負債の利子の損金不算入額 ((別表十七(一)「35」と(別表十七(二の二)「24」又は別表十七(二の五)「27」)のうち多い金額)又は((別表十七(二の二)「29」又は別表十七(二の五)「32」)と別表十七の三(二)「17」のうち多い金額))	5		超過利子額の損金算入額 (別表十七(二の三)「10」)	18	
			計 (16)−(17)+(18)	19	
超過利子額の損金算入額 (別表十七(二の三)「10」)	6		平成27年4月1日から平成29年3月31日までの間に開始した各事業年度の負債利子等の額の合計額	20	
計 (3)−(4)−(5)+(6)	7	500,000	同上の各事業年度の関連法人株式等に係る負債利子等の額の合計額	21	
総資産価額 (29の計)	8	250,000,000	負債利子控除割合 $\frac{(21)}{(20)}$ (小数点以下3位未満切捨て)	22	
期末関連法人株式等の帳簿価額 (30の計)	9	20,000,000			
受取配当等の額から控除する負債利子等の額 (7) × $\frac{(9)}{(8)}$	10	40,000	受取配当等の額から控除する負債利子等の額 (19)×(22)	23	円
その他株式等に係る受取配当等の額 (37の計)	11		その他株式等に係る受取配当等の額 (37の計)	24	
非支配目的株式等に係る受取配当等の額 (43の計)	12		非支配目的株式等に係る受取配当等の額 (43の計)	25	
受取配当等の益金不算入額 (1)+((2)−(10))+(11)×50%+(12)×(20%又は40%)	13	460,000	受取配当等の益金不算入額 (14)+((15)−(23))+(24)×50%+(25)×(20%又は40%)	26	

当年度実績による場合の総資産価額等の計算

区分	総資産の帳簿価額 27	連結法人に支払う負債利子等の元本の負債の額等 28	総資産価額 (27)−(28) 29	期末関連法人株式等の帳簿価額 30
前期末現在額	120,000,000 円	円	120,000,000 円	10,000,000 円
当期末現在額	130,000,000		130,000,000	10,000,000
計	250,000,000		250,000,000	20,000,000

受取配当等の額の明細

完全子法人株式等	法人名	本店の所在地	受取配当等の額の計算期間	受取配当等の額 31
			: :	円
			: :	
	計			

関連法人株式等	法人名	本店の所在地	受取配当等の額の計算期間	保有割合	受取配当等の額 32	左のうち益金の額に算入される金額 33	益金不算入の対象となる金額 (32)−(33) 34
	(株)ファイン運輸	東京都江東区豊洲△丁目	平31・4・1 令2・3・31	90	500,000 円	円	500,000 円
			: :				
	計				500,000		500,000

その他株式等	法人名	本店の所在地	受取配当等の額 35	左のうち益金の額に算入される金額 36	益金不算入の対象となる金額 (35)−(36) 37
			円	円	円
	計				

非支配目的株式等	法人名又は銘柄	本店の所在地 38	基準日 39	保有割合 40	受取配当等の額 41	左のうち益金の額に算入される金額 42	益金不算入の対象となる金額 (41)−(42) 43
			・・		円	円	円
			・・				
	計						

◆ファイン㈱の別表十一（一の二）◆

① 一括評価金銭債権に係る貸倒引当金の損金算入に関する明細書

事業年度又は連結事業年度	令和 2・4・1 令和 3・3・31	法人名	ファイン株式会社 （　　）

別表十一（一の二） 令二・四・一以後終了事業年度又は連結事業年度分

当期繰入額		1	円 100,000
繰入限度額の計算	期末一括評価金銭債権の帳簿価額の合計額 （24の計）	2	10,000,000
	貸倒実績率 （17）	3	
	実質的に債権とみられないものの額を控除した期末一括評価金銭債権の帳簿価額の合計額 （26の計）	4	円 10,000,000
	法定の繰入率	5	8/1,000
	繰入限度額 （(2)×(3)）又は（(4)×(5)）	6	円 80,000
	公益法人等・協同組合等の繰入限度額 （6）×106/100	7	
繰入限度超過額 (1)−((6)又は(7))		8	20,000

貸倒実績率の計算				
	前3年内事業年度（設立事業年度である場合には当該事業年度又は連結事業年度）末における一括評価金銭債権の帳簿価額の合計額		9	円
	(9)／前3年内事業年度における事業年度及び連結事業年度の数		10	
	前3年内事業年度（設立事業年度である場合には当該事業年度又は連結事業年度）の貸倒れによる損失の額等の合計額	令第96条第6項第2号イの貸倒れによる損失の額の合計額	11	
		損金の額に算入された令第96条第6項第2号ロの金額の合計額	12	
		損金の額に算入された令第96条第6項第2号ハの金額の合計額	13	
		益金の額に算入された令第96条第6項第2号ニの金額の合計額	14	
		貸倒れによる損失の額等の合計額 (11)+(12)+(13)−(14)	15	
	(15)×12／前3年内事業年度における事業年度及び連結事業年度の月数の合計		16	
	貸倒実績率 (16)／(10) （小数点以下4位未満切上げ）		17	

一括評価金銭債権の明細

勘定科目	期末残高	売掛債権等とみなされる額及び貸倒否認額	(18)のうち税務上貸倒れがあったものとみなされる額及び売掛債権等に該当しないものの額	個別評価の対象となった売掛債権等の額及び非適格合併等により合併法人等に移転する売掛債権等の額	法第52条第1項第3号に該当する法人の令第96条第9項各号の金銭債権以外の金銭債権の額	完全支配関係がある連結法人に対する売掛債権等の額	期末一括評価金銭債権の額 (18)+(19)−(20)−(21)−(22)−(23)	実質的に債権とみられないものの額	差引期末一括評価金銭債権の額 (24)−(25)
	18	19	20	21	22	23	24	25	26
受取手形	円 6,000,000	円	円	円	円	円	円 6,000,000	円	円 6,000,000
売掛金	4,000,000						4,000,000		4,000,000
計	10,000,000	0	0	0	0	0	10,000,000	0	10,000,000

基準年度の実績により実質的に債権とみられないものの額を計算する場合の明細

平成27年4月1日から平成29年3月31日までの間に開始した各事業年度末の一括評価金銭債権の額の合計額	27	円	債権からの控除割合 (28)／(27) （小数点以下3位未満切捨て）	29	
同上の各事業年度末の実質的に債権とみられないものの額の合計額	28		実質的に債権とみられないものの額 （24の計）×(29)	30	円

◆ファイン㈱の別表十五◆

①　交際費等の損金算入に関する明細書

事業年度	令和 2・4・1 令和 3・3・31	法人名	ファイン株式会社

別表十五　令二・四・一以後終了事業年度分

支出交際費等の額 (8の計)	1	円 1,000,000	損金算入限度額 (2)又は(3)	4	円 1,000,000
支出接待飲食費損金算入基準額 (9の計) × $\frac{50}{100}$	2	0			
中小法人等の定額控除限度額 ((1)の金額又は800万円× $\frac{12}{12}$ 相当額のうち少ない金額)	3	1,000,000	損金不算入額 (1)－(4)	5	0

支出交際費等の額の明細

科目	支出額	交際費等の額から控除される費用の額	差引交際費等の額	(8)のうち接待飲食費の額
	6	7	8	9
交際費	円 1,200,000	円 200,000	円 1,000,000	円
計	1,200,000	200,000	1,000,000	

◆ファイン㈱の別表十六(一)◆

別表十六(一) 令二・四・一以後終了事業年度又は連結事業年度分

① 旧定額法又は定額法による減価償却資産の償却額の計算に関する明細書

事業年度又は連結事業年度	令和 2・4・1 令和 3・3・31	法人名	ファイン株式会社 ( )

資産区分	種類	1	建物				合計
資産区分	構造	2	建物及び建物附属設備				
資産区分	細目	3	研究開発用資産				
資産区分	取得年月日	4	令2・4・20	・・	・・	・・	・・
資産区分	事業の用に供した年月	5	令2年4月	年 月	年 月	年 月	年 月
資産区分	耐用年数	6	5年	年	年	年	年
取得価額	取得価額又は製作価額	7	外 1,000,000円	外 円	外 円	外 円	外 1,000,000円
取得価額	圧縮記帳による積立金計上額	8					
取得価額	差引取得価額 (7)−(8)	9	1,000,000				1,000,000
帳簿価額	償却額計算の対象となる期末現在の帳簿記載金額	10	400,000				400,000
帳簿価額	期末現在の積立金の額	11					
帳簿価額	積立金の期中取崩額	12					
帳簿価額	差引帳簿記載金額 (10)−(11)−(12)	13	外△ 400,000	外△	外△	外△	外△ 400,000
帳簿価額	損金に計上した当期償却額	14	600,000				600,000
帳簿価額	前期から繰り越した償却超過額	15	外	外	外	外	外
帳簿価額	合計 (13)+(14)+(15)	16	1,000,000				1,000,000
当期分の普通償却限度額等 平成19年3月31日以前取得分	残存価額	17					
当期分の普通償却限度額等 平成19年3月31日以前取得分	差引取得価額×5% (9)×5/100	18					
当期分の普通償却限度額等 平成19年3月31日以前取得分 (16)>(18)の場合	旧定額法の償却額計算の基礎となる金額 (9)−(17)	19					
当期分の普通償却限度額等 平成19年3月31日以前取得分 (16)>(18)の場合	旧定額法の償却率	20					
当期分の普通償却限度額等 平成19年3月31日以前取得分 (16)>(18)の場合	算出償却額 (19)×(20)	21	円	円	円	円	円
当期分の普通償却限度額等 平成19年3月31日以前取得分 (16)>(18)の場合	増加償却額 (21)×割増率	22	( )	( )	( )	( )	( )
当期分の普通償却限度額等 平成19年3月31日以前取得分 (16)>(18)の場合	計 ((21)+(22))又は((16)−(18))	23					
当期分の普通償却限度額等 平成19年3月31日以前取得分 (16)≦(18)の場合	算出償却額 ((18)−1円)×12/60	24					
当期分の普通償却限度額等 平成19年4月1日以後取得分	定額法の償却額計算の基礎となる金額 (9)	25	1,000,000				1,000,000
当期分の普通償却限度額等 平成19年4月1日以後取得分	定額法の償却率	26	0.200				
当期分の普通償却限度額等 平成19年4月1日以後取得分	算出償却額 (25)×(26)	27	200,000円	円	円	円	200,000円
当期分の普通償却限度額等 平成19年4月1日以後取得分	増加償却額 (27)×割増率	28	( )	( )	( )	( )	( )
当期分の普通償却限度額等 平成19年4月1日以後取得分	計 (27)+(28)	29	200,000				200,000
当期分の償却限度額	当期分の普通償却限度額等 (23)、(24)又は(29)	30	200,000				200,000
当期分の償却限度額 特別償却又は割増償却による特別償却限度額	租税特別措置法適用条項	31	条 項 ( )	条 項 ( )	条 項 ( )	条 項 ( )	条 項 ( )
当期分の償却限度額 特別償却又は割増償却による特別償却限度額	特別償却限度額	32	外 円	外 円	外 円	外 円	外 円
当期分の償却限度額	前期から繰り越した特別償却不足額又は合併等特別償却不足額	33					
当期分の償却限度額	合計 (30)+(32)+(33)	34	200,000				200,000
当期償却額	当期償却額	35	600,000				600,000
差引	償却不足額 (34)−(35)	36					
差引	償却超過額 (35)−(34)	37	400,000				400,000
償却超過額	前期からの繰越額	38	外	外	外	外	外
償却超過額 当期損金認容額	償却不足によるもの	39					
償却超過額 当期損金認容額	積立金取崩しによるもの	40					
償却超過額	差引合計翌期への繰越額 (37)+(38)−(39)−(40)	41	400,000				400,000
特別償却不足額	翌期に繰り越すべき特別償却不足額 (((36)−(39))と((32)+(33))のうち少ない金額)	42					
特別償却不足額	当期において切り捨てる特別償却不足額又は合併等特別償却不足額	43					
特別償却不足額	差引翌期への繰越額 (42)−(43)	44					
特別償却不足額 翌期への繰越額の内訳	・・ ・・	45					
特別償却不足額 翌期への繰越額の内訳	当期分不足額	46					
適格組織再編成により引き継ぐべき合併等特別償却不足額	(((36)−(39))と(32)のうち少ない金額)	47					

備考

◆ファイン㈱の別表十六(二)◆

① 旧定率法又は定率法による減価償却資産の償却額の計算に関する明細書

事業年度又は連結事業年度	令和 2・4・1 令和 3・3・31	法人名	ファイン株式会社 (　　)

区分	項目		(1)	(2)	(3)	(4)	合計
資産区分	種類	1	器具及び備品				合　計
	構造	2	事務機器				
	細目	3	電子計算機 その他のもの				
	取得年月日	4	令 2・4・28	・ ・	・ ・	・ ・	・ ・
	事業の用に供した年月	5	令 2年 4月	年 月	年 月	年 月	年 月
	耐用年数	6	5 年	年	年	年	年
取得価額	取得価額又は製作価額	7	外 1,000,000円	外 円	外 円	外 円	外 1,000,000円
	圧縮記帳による積立金計上額	8					
	差引取得価額 (7)−(8)	9	1,000,000				1,000,000
償却額計算の基礎となる額	償却額計算の対象となる期末現在の帳簿記載金額	10	400,000				400,000
	期末現在の積立金の額	11					
	積立金の期中取崩額	12					
	差引帳簿記載金額 (10)−(11)−(12)	13	外△ 400,000	外△	外△	外△	外△ 400,000
	損金に計上した当期償却額	14	600,000				600,000
	前期から繰り越した償却超過額	15	外	外	外	外	外
	合計 (13)+(14)+(15)	16	1,000,000				1,000,000
	前期から繰り越した特別償却不足額又は合併等特別償却不足額	17					
	償却額計算の基礎となる金額 (16)−(17)	18	1,000,000				1,000,000
当期分の普通償却限度額等	平成19年3月31日以前取得分 差引取得価額×5% (9)×$\frac{5}{100}$	19					
	(16)>(19)の場合 旧定率法の償却率	20					
	(16)>(19)の場合 算出償却額 (18)×(20)	21	円	円	円	円	円
	(16)>(19)の場合 増加償却額 (21)×割増率	22	(　)	(　)	(　)	(　)	(　)
	(16)>(19)の場合 計 ((21)+(22))又は((18)−(19))	23					
	(16)≦(19)の場合 算出償却額 ((19)−1円)×$\frac{12}{60}$	24					
	平成19年4月1日以後取得分 定率法の償却率	25	0.400				
	調整前償却額 (18)×(25)	26	(12月 400,000) 400,000円	円	円	円	400,000円
	保証率	27	0.10800				
	償却保証額 (9)×(27)	28	108,000円	円	円	円	108,000円
	(26)<(28)の場合 改定取得価額	29					
	(26)<(28)の場合 改定償却率	30					
	(26)<(28)の場合 改定償却額 (29)×(30)	31	円	円	円	円	円
	増加償却額 ((26)又は(31))×割増率	32	(　)	(　)	(　)	(　)	(　)
	計 ((26)又は(31))+(32)	33	400,000				400,000
当期分の償却限度額	当期分の普通償却限度額等 (23)、(24)又は(33)	34	400,000				400,000
	特別償却又は割増償却による特別償却限度額 租税特別措置法適用条項	35	(　条　項)	(　条　項)	(　条　項)	(　条　項)	(　条　項)
	特別償却限度額	36	外 円	外 円	外 円	外 円	外 円
	前期から繰り越した特別償却不足額又は合併等特別償却不足額	37					
	合計 (34)+(36)+(37)	38	400,000				400,000
当期償却額		39	600,000				600,000
差引	償却不足額 (38)−(39)	40					
	償却超過額 (39)−(38)	41	200,000				200,000
償却超過額	前期からの繰越額	42	外	外	外	外	外
	当期損金認容額 償却不足によるもの	43					
	当期損金認容額 積立金取崩しによるもの	44					
	差引合計翌期への繰越額 (41)+(42)−(43)−(44)	45	200,000				200,000
特別償却不足額	翌期に繰り越すべき特別償却不足額 (((40)−(43))と((36)+(37))のうち少ない金額)	46					
	当期において切り捨てる特別償却不足額又は合併等特別償却不足額	47					
	差引翌期への繰越額 (46)−(47)	48					
	翌期への繰越額の内訳 ・・ ・・	49					
	翌期への繰越額の内訳 当期分不足額	50					
適格組織再編成により引き継ぐべき合併等特別償却不足額 (((40)−(43))と(36)のうち少ない金額)		51					

備考

別表十六(二) 令二・四・一以後終了事業年度又は連結事業年度分

◆ファイン㈱の「適用額明細書」◆

FB4011

様式第一

令和 3年 5月25日

京橋 税務署長殿

収受印

自平成令和 02 年 04 月 01 日
至令和 03 年 03 月 31 日

事業年度分の適用額明細書
(当初提出分)・再提出分)

この用紙はとじこまないでください

当該適用額明細書を再提出する場合には、訂正箇所のみ記載するのでなく、すべての租税特別措置について記載してください。

OCR入力用(この用紙は機械で読み取ります。折ったり汚したりしないでください。)

納税地	東京都中央区築地1丁目△番地 電話(03) 3524 − ××	整理番号	33333333
(フリガナ)	ファイン カブシキガイシャ	提出枚数	1 枚 うち 1 枚目
法人名	ファイン株式会社	事業種目	その他の製造業 業種番号 29
法人番号	1111222233334	※税務署処理欄	提出年月日 令和 年 月 日
期末現在の資本金の額又は出資金の額	30000000		
所得金額又は欠損金額	50000000		

租税特別措置法の条項	区分番号	適用額
第 42 条 の3の2 第 1 項 第 1 号	00380	8000000
第 条 第 項 第 号		
第 条 第 項 第 号		
第 条 第 項 第 号		
第 条 第 項 第 号		
第 条 第 項 第 号		
第 条 第 項 第 号		
第 条 第 項 第 号		
第 条 第 項 第 号		
第 条 第 項 第 号		
第 条 第 項 第 号		
第 条 第 項 第 号		
第 条 第 項 第 号		
第 条 第 項 第 号		
第 条 第 項 第 号		
第 条 第 項 第 号		
第 条 第 項 第 号		
第 条 第 項 第 号		
第 条 第 項 第 号		
第 条 第 項 第 号		

◆ファイン㈱の第六号様式◆

05006A83

受付印

令和 3 年 5 月 25 日

中央都税事務所 殿

法人番号	1112222333334
所在地	東京都中央区築地１丁目△番地（電話 03 3524局 ××番）
（ふりがな）	ふぁいん かぶしきがいしゃ
法人名	ファイン株式会社
代表者氏名（ふりがな）	ところ ひろし
代表者氏名	所 ひろし ㊞
経理責任者氏名（ふりがな）	ところ かおり
経理責任者氏名	所 かおり
事業種目	プラスティック製品製造業
期末現在の資本金の額又は出資金の額（解散日現在の資本金の額又は出資金の額）	30000000
同上が1億円以下の普通法人のうち中小法人等に該当しないもの	非中小法人等
期末現在の資本金の額及び資本準備金の額の合算額	30000000
期末現在の資本金等の額	30000000

令和 2 年 4 月 1 日から令和 3 年 3 月 31 日までの事業年度分又は連結事業年度分の 都民税 事業税 特別法人事業税 地方法人特別税 の 確定 申告書

（事業税）

摘要		課税標準	税率（/100）	税額
所得割	所得金額総額（⑩－⑪）又は別表5㉞ ㉗	5000000		
	年400万円以下の金額 ㉘	4000000	3.75	150000
	年400万円を超え年800万円以下の金額 ㉙	4000000	5.665	22600
	年800万円を超える金額 ㉚	42000000	7.48	314600
	計 ㉘＋㉙＋㉚ ㉛	50000000		351800
	軽減税率不適用法人の金額 ㉜	000	7.48	00
付加価値割	付加価値額総額 ㉝			
	付加価値額 ㉞	000		00
資本割	資本金等の額総額 ㉟			
	資本金等の額 ㊱	000		00
収入割	収入金額総額 ㊲			
	収入金額 ㊳	000		00
合計事業税額 ㉛＋㉞＋㊱＋㊳又は㉜＋㉞＋㊱＋㊳ ㊴				351800
平成28年改正法附則第5条の控除額 ㊵				00

摘要	金額	摘要	金額
事業税の特定寄附金税額控除額 ㊶		仮装経理に基づく事業税額の控除額 ㊷	
差引事業税額 ㊴－㊵－㊶－㊷ ㊸	3518200	既に納付の確定した当期分の事業税額 ㊹	1676200
租税条約の実施に係る事業税額の控除額 ㊺		この申告により納付すべき事業税額 ㊸－㊹－㊺ ㊻	1842000
㊻の内訳 所得割 ㊼	1842000	付加価値割 ㊽	00
資本割 ㊾	00	収入割 ㊿	00
㊻のうち見込納付額 51		差引 ㊻－51 52	1842000

（特別法人事業税又は地方法人特別税）

摘要	課税標準	税率（/100）	税額
所得割に係る特別法人事業税額又は地方法人特別税額 53	3292000	37.0	1218000
収入割に係る特別法人事業税額又は地方法人特別税額 54	00		00
合計特別法人事業税額又は地方法人特別税額（53＋54）55			1218000

摘要	金額	摘要	金額
仮装経理に基づく特別法人事業税額又は地方法人特別税額の控除額 56		差引特別法人事業税額又は差引地方法人特別税額 55－56 57	1218000
既に納付の確定した当期分の特別法人事業税額又は地方法人特別税額 58	618000	租税条約の実施に係る特別法人事業税額又は地方法人特別税額の控除額 59	
この申告により納付すべき特別法人事業税額又は地方法人特別税額 57－58－59 60	600000	60のうち見込納付額 61	
差引 60－61 62	600000		

※処理事項（記載しないでください）		分割課税標準
事業税 1	総数	
	本都	
事業税 2	総数	
	本都	
都民税	総数	
	特別区	
	市町村	

所得金額の計算の内訳	金額
所得金額（法人税の明細書（別表4）の（34））又は個別所得金額（法人税の明細書（別表4の2付表）の（42））63	50000000
加算 損金の額又は個別帰属損金額に算入した所得税額及び復興特別所得税額 64	
加算 損金の額又は個別帰属損金額に算入した海外投資等損失準備金勘定への繰入額 65	
減算 益金の額又は個別帰属益金額に算入した海外投資等損失準備金勘定からの戻入額 66	
減算 外国の事業に帰属する所得以外の所得に対して課された外国法人税額 67	
仮計 63＋64＋65－66－67 68	50000000
繰越欠損金額等若しくは災害損失金額又は債務免除等があった場合の欠損金額等の当期控除額 69	
法人税の所得金額（法人税の明細書（別表4）の（48））又は個別所得金額（法人税の明細書（別表4の2付表）の（55））70	50000000
法第15条の4の徴収猶予を受けようとする税額 71	

（都民税）

（使途秘匿金税額等）	金額
法人税法の規定によって計算した法人税額 ①	10944000
試験研究費の額等に係る法人税額の特別控除額 ②	
還付法人税額等の控除額 ③	
退職年金等積立金に係る法人税額 ④	
課税標準となる法人税額又は個別帰属法人税額 ①＋②－③＋④ ⑤	10944000
2以上の道府県に事務所又は事業所を有する法人における課税標準となる法人税額又は個別帰属法人税額 ⑥	000
法人税割額（⑤又は⑥×10.4/100）⑦	1138176
都民税の特定寄附金税額控除額 ⑧	
外国関係会社等に係る控除対象所得税額等相当額又は個別控除対象所得税額等相当額の控除額 ⑨	
外国の法人税等の額の控除額 ⑩	
仮装経理に基づく法人税割額の控除額 ⑪	
差引法人税割額 ⑦－⑧－⑨－⑩－⑪ ⑫	1138100
既に納付の確定した当期分の法人税割額 ⑬	541100
租税条約の実施に係る法人税割額の控除額 ⑭	
この申告により納付すべき法人税割額 ⑫－⑬－⑭ ⑮	597000
均等割 算定期間中において事務所等を有していた月数 ⑯	12 月
均等割 200,000円×⑯/12 ⑰	200000
均等割 既に納付の確定した当期分の均等割額 ⑱	100000
均等割 この申告により納付すべき均等割額 ⑰－⑱ ⑲	100000
この申告により納付すべき都民税額 ⑮＋⑲ ⑳	697000
⑳のうち見込納付額 ㉑	
差引 ⑳－㉑ ㉒	697000
東京都に申告する場合の⑦の計算 特別区分の課税標準額 ㉓	10944000
同上に対する税額 ㉓×10.4/100 ㉔	1138176
市町村分の課税標準額 ㉕	000
同上に対する税額 ㉕×2.0/100 ㉖	
中間納付額 ㉗	
還付請求 還付を受けようとする金融機関及び支払方法	金融機関名 支店名 預金種目 口座番号
法人税の期末現在の資本金等の額又は連結個別資本金等の額	30000000
法人税の当期の確定税額又は連結法人税個別帰属支払額	10826500
決算確定の日	令和 3・5・20
解散の日	・ ・
残余財産の最後の分配又は引渡しの日	令和 ・ ・
申告期限の延長の処分（承認）の有無	事業税 有・㊮無 法人税 有・無（無に○）
法人税の申告書の種類	（青色）・その他
この申告が中間申告の場合の計算期間	・ ・ / ・ ・
翌期の中間申告の要否	（要）・否
国外関連者の有無	有・（無）

関与税理士署名押印 ㊞ （電話 ）

高下淳子（こうげ　じゅんこ）
税理士、米国税理士、CFP®。
外資系コンサルティング会社（監査法人）に勤務ののち独立開業。現在、税務会計顧問業、経営コンサルティング業のほか、全国各地の金融機関、シンクタンク等の講演・セミナー講師、企業内研修の企画実施などで活躍中。
講演テーマは広く、経営幹部、後継経営者、新入社員、営業担当者、経理担当者などを対象としたきめ細かい指導と、明快かつ、わかりやすい実践的講義には定評がある。

〈主な著書〉
『簿記のしくみが一番やさしくわかる本』（日本実業出版社）
『「別表四と五」完全攻略本』（中央経済社）
『とにかくみんなで考えよう！　日本の借金 わが家の税金 わたしの年金』（中央経済社）
『いちばんやさしく丁寧に書いた経理の本』（成美堂出版社）
『やさしい法人税申告入門』（中央経済社）
『決算書を読みこなして経営分析ができる本』（日本実業出版社）
『決算書が読める魔法のステップ』（ソーテック社）
『社長のための経営講座 わかりやすい節税対策』（日経BP社）
など多数

〈ホームページ〉
http://www.koge-office.com

今までで一番やさしい
法人税申告書のしくみとポイントがわかる本

2010年2月1日　初版発行
2020年10月20日　第19刷発行

著者　高下淳子 ©J.Koge 2010
発行者　杉本淳一

発行所　株式会社日本実業出版社　東京都新宿区市谷本村町3－29 〒162-0845
大阪市北区西天満6－8－1 〒530-0047
編集部 ☎03-3268-5651
営業部 ☎03-3268-5161
振替　00170-1-25349
https://www.njg.co.jp/

印刷／厚徳社　製本／共栄社

この本の内容についてのお問合せは、書面かFAX（03-3268-0832）にてお願い致します。
落丁・乱丁本は、送料小社負担にて、お取り替え致します。

ISBN 978-4-534-04666-6　Printed in JAPAN